AF249682

ACTION LIBÉRALE POPULAIRE

Liberté pour tous.
Égalité devant la loi. — Droit commun.
Amélioration du sort des travailleurs.

COMPTE RENDU

DU

6ᵉ CONGRÈS GÉNÉRAL

TENU A PARIS

Les 2, 3, 4 et 5 Décembre 1909

PARIS
7, RUE LAS-CASES, 7
1910

6ᵉ CONGRÈS GÉNÉRAL

DE

L'ACTION LIBÉRALE POPULAIRE

ACTION LIBÉRALE POPULAIRE

Liberté pour tous.
Égalité devant la loi. — Droit commun.
Amélioration du sort des travailleurs.

COMPTE RENDU

DU

6ᵉ CONGRÈS GÉNÉRAL

TENU A PARIS

Les 2, 3, 4 et 5 Décembre 1909

PARIS

7, RUE LAS-CASES, 7

1910

ACTION LIBÉRALE POPULAIRE

CONGRÈS GÉNÉRAL DE 1909

Notre Congrès général de 1909 a eu un succès plus grand encore que ceux qui l'ont précédé.

Afin d'en assurer le succès et d'en préparer d'avance les résultats pratiques des questionnaires détaillés, portant sur tous les points qui devaient faire l'objet des séances d'études, avaient été adressés, dès le mois de juillet, à tous nos Comités.

Nous reproduisons ci-dessous ces questionnaires, auxquels nos Comités ont répondu en grand nombre et d'une manière fort intéressante.

QUESTIONNAIRES

LE STATUT DES FONCTIONNAIRES

1º Pensez-vous qu'une loi doive régler le recrutement, l'avancement et la discipline des fonctionnaires de l'Etat ?

2º Les fonctionnaires doivent-ils être recrutés par concours ou peuvent-ils être admis sans cette formalité ?

3º Le ministre aura-t-il le droit d'écarter du concours les candidats qui remplissent les conditions de nationalité, d'âge et munis des diplômes exigés ?

4º Comment, à votre avis, doit être réglé l'avancement des fonctionnaires ? par le bon plaisir du ministre ou suivant l'ordre d'un tableau établi par une commission administrative comprenant des fonctionnaires élus par le personnel ?

5º Doit-il être permis, à votre avis, aux fonctionnaires de constituer des associations et unions d'associations ayant le même caractère que les syndicats professionnels ?

6º Pensez-vous que les fonctionnaires de l'Etat peuvent faire la grève pour faire aboutir leurs revendications professionnelles ?

7º Ne pensez-vous pas qu'un article spécial de la loi doive garantir la liberté de conscience du fonctionnaire ?

REPRÉSENTATION PROFESSIONNELLE

(Notes préliminaires.)

Ce n'est pas l'avis du président, de tel ou tel membre du bureau que nous désirons avoir, mais celui du *Comité tout entier*, de ceux de ses membres surtout qui sont vraiment *professionnels* (cultivateurs, industriels, commerçants, ouvriers et employés). — Nous prions donc instamment les présidents de convoquer leur comité, de soumettre individuellement ce questionnaire à chacun de ses membres, de lui consacrer plusieurs séances s'il est nécessaire et de nous envoyer la réponse du Comité.

Cette question bien posée doit intéresser tout le monde. Que nos amis ne se

— 6 —

laissent pas arrêter ni effrayer par sa complexité apparente ! Qu'ils l'envisagent surtout au point de vue pratique de leur profession et de celle du plus grand nombre des membres du Comité et répondent au plus grand nombre possible des questions posées.

L'étude de ce questionnaire offre, d'ailleurs, l'occasion de faire connaître et bien comprendre l'idée de la *Représentation professionnelle*. Pour ceux à qui cette question est demeurée jusqu'ici étrangère, voici quelques données essentielles.

Ce qu'on entend par Représentation Professionnelle.

La Chambre et le Sénat actuels représentant théoriquement des *opinions* politiques : en réalité ils ne représentent trop souvent que des appétits individuels ; car les électeurs tendent de plus en plus à voter pour celui dont ils attendent le plus de services personnels. De là la négligence des intérêts collectifs et nationaux, le favoritisme, *l'incompétence des élus* et des hauts fonctionnaires, l'incohérence, le désarroi et le désordre présents que tous constatent et déplorent.

Comment sortir de ce chaos ! — En remettant chacun et chaque chose à sa place ; en confiant aux *hommes compétents*, c'est-à-dire aux *professionnels* (agriculteurs, industriels, commerçants, citoyens exerçant des professions libérales, fonctionnaires), l'examen ou le règlement de toute question *intéressant leur profession*.

Pour atteindre ce but, tous les éléments constituant *une profession* (ouvriers, employés, contremaîtres, ingénieurs, patrons, fermiers, métayers, propriétaires fonciers, etc.) devront choisir *parmi eux* des délégués ou représentants des intérêts et des droits qui leur sont communs. C'est en quoi consiste essentiellement la Représentation professionnelle.

Ces représentants pourront : — ou simplement avoir leur place dans les Assemblées politiques actuelles, — ou les remplacer complètement, — ou constituer une Haute Chambre professionnelle substituée au Sénat, — ou composer, à côté des deux Chambres actuelles, un *Grand Conseil professionnel* consultatif ou législatif.

Les intérêts d'une même profession peuvent varier beaucoup d'une région à l'autre, du Nord au Midi, par exemple : la logique et la nature des choses semblent donc imposer la constitution de Conseils régionaux ou provinciaux élus, dont le Grand Conseil professionnel central serait l'émanation.

Nos Comités auront, dans leurs réponses au Questionnaire, à examiner ces diverses combinaisons et à exprimer leurs préférences, en les motivant autant que possible.

Hiérarchie des Intérêts.

Pour éviter toute confusion, observons que si les intérêts individuels ont ou devraient avoir leur représentation naturelle et normale dans la famille, — les intérêts professionnels dans les syndicats, un   onseils professionnels, — les intérêts locaux dans les conseils municipaux, géné...ux et régionaux, — il existe au sommet de cette hiérarchie d'intérêts subordonnés les uns aux autres des *intérêts généraux* communs à toute la nation (unité et défense nationales, relations extérieures, finances, impôts, services publics, arbitrage des différends entre les divers intérêts individuels, familiaux, professionnels et locaux).

Ces intérêts variés peuvent être parfois eux-mêmes en conflit avec les intérêts généraux de la nation. Il semble donc que ces derniers doivent avoir des représentants spéciaux, *compétents*, investis d'une autorité supérieure et distincts des Assemblées professionnelles.

Visons les Solutions pratiques.

Nous prions les Comités et amis qui répondront au Questionnaire de ne pas se contenter d'indiquer des solutions théoriques et lointaines, mais de rechercher des solutions réalisables pratiquement, en tenant compte de l'état actuel insuffisamment organisé des professions et en utilisant comme points de départ et d'appui de la réforme les innombrables syndicats agricoles, industriels, commerciaux, chambres syndicales, unions ou fédérations de syndicats, conseils du travail, etc., qui contiennent en germe et en puissance l'organisation et la représentation professionnelles.

L. LÉVY

QUESTIONNAIRE

I. — Estimez-vous la Représentation professionnelle possible et nécessaire ?

II. — Comment la comprenez-vous ?

Introduction d'individualités professionnelles à la Chambre et au Sénat ?

Substitution radicale de Chambres professionnelles aux deux Chambres actuelles ?

Sénat professionnel remplaçant le Sénat actuel ?

Grand Conseil professionnel à côté des Chambres ?

Conseils professionnels régionaux ? etc.

III. — Comment seront nommés les représentants de chaque profession, dans le système par vous adopté ?

Par les chambres syndicales, syndicats, unions et fédérations seuls, ayant chacun une voix ?

Par le suffrage individuel des seuls syndiqués ?

Par le suffrage individuel, de tous les membres de la profession, syndiqués ou non syndiqués (corps professionnel entier) ?

Ou en partie par les chambres syndicales, syndicats, etc., et en partie par le suffrage de tous les membres de la profession ?

Si vous admettez un Sénat ou un grand Conseil professionnel central, par qui sera-t-il élu ? Directement par une des catégories précédentes d'électeurs, ou à deux degrés par des Conseils régionaux élus par tous les membres de la profession (corps professionnel) ?

IV. — Comment seront établis et constatés la profession et le droit de vote de chacun ?

Rôle des patentes. — Listes de recensement. — Listes professionnelles à créer dans chaque commune sur déclaration des intéressés ou d'office, où seront inscrits par catégories de professions : syndicats et individus collaborant à un titre quelconque à la même profession (ouvriers, employés, contremaîtres, ingénieurs, fermiers, métayers, propriétaires fonciers, patrons, etc.).

Faut-il, en l'état présent des choses, établir autant de catégories d'électeurs qu'il y a de professions distinctes, ou les répartir tous en quatre ou cinq grands groupes de professions connexes : agriculture, industrie, commerce, professions libérales, fonctionnaires ?

V. — Les corps professionnels (ensemble des membres de chaque profession ou groupe de professions connexes) qui nomment les conseils professionnels devront-ils être établis à l'aide des listes professionnelles, pour l'ensemble de la France, ou bien par région, province, canton ou commune ?

VI. — Les divers éléments de la profession (patrons, ouvriers, intermédiaires entre eux) seront-ils représentés séparément et dans quelle proportion ?

VII. — Ne convient-il pas de donner une représentation égale aux patrons et aux ouvriers ? autrement dit au capital et au travail ?

VIII. — Quels seront le rôle et les attributions des représentants des conseils professionnels ?

Législatif, réglementaire, ou simplement consultatif en tout ce qui concerne la profession ?

Dans le premier cas (législatif), comment prévenir et solutionner les conflits entre les intérêts des diverses professions ? — Comment déterminer le nombre de représentants auquel aura droit chaque profession ? Sera-t-il proportionnel au nombre de ses membres ? A son importance sociale, etc. ?

Dans les deux derniers cas (rôle réglementaire ou consultatif), convient-il de fixer légalement le nombre des représentants et l'organisation intérieure des Conseils professionnels, ou de leur laisser ce soin à eux-mêmes, par voie coutumière.

La consultation des représentants ou conseils professionnels sera-t-elle obligatoire pour les pouvoirs publics et ceux-ci pourront-ils passer outre à un avis défavorable ?

Les lois et règlements intéressant la profession devront-ils être soumis au *referendum* de tous les membres de cette profession ?

SALAIRES DE L'OUVRIÈRE A DOMICILE

Par ouvrière à domicile dans le cas présent, nous entendons la femme chargée d'un travail de confection à l'entreprise, exécuté par elle au domicile familial.

1° Le travail de l'ouvrière à domicile est-il en usage dans votre région, et dans quelles conditions ?

Quels sont les salaires de l'ouvrière à domicile ?

Travail à la journée ou travail à la tâche ? Multiplier les exemples.

2° Quels remèdes proposez-vous pour relever les salaires ?

3° Croyez-vous à l'efficacité suffisante de l'initiative privée ? et sous quelle forme ses efforts se sont-ils manifestés ? (Ligues sociales d'acheteurs, œuvres diverses.)

4° Estimez-vous que les Syndicats d'ouvrières à domicile soient possibles et puissent être suffisamment organisés pour entraîner le relèvement des salaires ?

5° Si l'insuffisance ou l'inefficacité des moyens proposés sont établis, ne croyez-vous pas qu'en vue d'arriver à un relèvement des salaires, il faille encourager une intervention législative, convenablement préparée, s'exerçant à l'aide de Commissions professionnelles, composées de patrons et d'ouvrières ?

LA PRÉPARATION DES ÉLECTIONS DE 1910

1° Quelle est la situation électorale de votre arrondissement et de votre département ?

2° Quelles sont les questions qui passionnent le plus l'opinion publique et que vous jugez utile d'inscrire dans les programmes électoraux ?

3° Avez-vous en vue un candidat d'opposition ?

Quelle est sa nuance politique ?

Donne-t-il aux libéraux des garanties sérieuses d'indépendance et de libéralisme ?

A-t-il des chances de succès ?

4° Quelle tactique préconisez-vous pour assurer dans la prochaine législature le succès de la Représentation proportionnelle ?

5° Quels sont vos moyens de propagande et vos ressources ?

6° Votre Comité est-il assez fort et assez discipliné pour assurer la distribution des bulletins, l'affichage et la surveillance du scrutin ?

SÉANCE D'OUVERTURE

Jeudi 2 Décembre 1909

SALLE DES AGRICULTEURS DE FRANCE

à 8 h. 1/2 du soir

La vaste salle de la Société des Agriculteurs de France était trop petite pour contenir la foule accourue pour assister, en dépit du temps détestable, à la séance d'ouverture du Congrès. Sur l'estrade, autour de M. Piou, avaient pris place un très grand nombre de députés adhérents au groupe parlementaire de l'A. L. P.

M. Jacques Piou, le premier, prend la parole et prononce le discours suivant :

DISCOURS D'OUVERTURE DE M. JACQUES PIOU

MESSIEURS,

Notre sixième Congrès s'ouvre au milieu de circonstances et à la veille d'élections qui doivent avoir dans notre pays une influence précise.

L'année qui s'achève a été, pour notre Association, une année de luttes et, grâce à Dieu, elle en est sortie victorieuse et poursuit sa marche en avant, forte de son passé, pleine de confiance dans l'avenir.

Quant au Bloc, il sera aisé et facile de faire son bilan pour l'année qui finit.

Son plus grand haut fait a été un projet d'impôt sur le revenu, simple réclame électorale qu'il s'est empressé d'envoyer au Sénat avec cette épigraphe :

« Vingt fois sur le métier remettez votre ouvrage,

« Corrigez-le sans cesse et le recorrigez. »
(Vifs applaudissements.)

Bien entendu, il a joué du cléricalisme pour n'en pas perdre l'habitude. Ces grands défenseurs de la liberté de pensée ont cru nécessaire d'envoyer en police correctionnelle, pour délit d'opinion, quelques évêques, un archevêque et un cardinal. Puis, pour montrer toute la délicatesse de leur âme, ils ont fait vendre sur la place publique les meubles de l'un d'eux, voulant sans doute prouver qu'ils n'avaient pas tout volé à l'Eglise. *(Applaudissements.)*

Cette politique jacobine et sectaire, son succès prolongé ont porté leurs fruits. C'est un continuel glissement à gauche qui, tous les jours, s'étend et gagne même aujourd'hui des couches de terrain qu'on croyait moins détrempé par l'humidité. C'est ensuite un abaissement moral continu : la population décroît, tandis que s'allonge indéfiniment la liste des criminels, des insoumis, des alcooliques, des déserteurs.

Au moment où la classe s'est réunie, il s'est trouvé qu'elle avait onze à douze mille condamnés de droit commun dans ses rangs ; et aujourd'hui — signe des temps — on en est arrivé à avoir besoin de faire une loi pour protéger le drapeau contre les outrages. (*Applaudissements.*)

Comme la mauvaise politique amène toujours les mauvaises finances, le désarroi financier a correspondu au désarroi moral.

Le budget que la Chambre vote en ce moment est en déficit avoué de cent soixante-quinze millions. On en est réduit à créer deux cents millions d'impôts nouveaux, qui vont s'ajouter aux soixante millions déjà votés dans ces dernières années. Si vous êtes inquiets pour l'avenir, écoutez la Commission du Budget ; elle vous annonce que ce budget est incompressible à cause du système administratif de la France et M. le Président du Conseil ajoute que ce système administratif est irréformable à cause du scrutin d'arrondissement qu'il s'est empressé de faire voter à la Chambre en lui mettant la question de confiance sous la gorge. (*Applaudissements.*)

Le Ministre des Finances a ajouté, afin que vous n'ayez aucune illusion, qu'il faudrait l'année prochaine cinquante trillions d'impôts, lesquels seraient pris sur les successions. Puis, envisageant les budgets futurs, après tous ces sacrifices, après avoir vidé tous les tiroirs, après avoir pressuré le contribuable jusqu'à le faire presque expirer, on mettrait le monopole sur l'alcool, puis le monopole sur les assurances. Voilà ce que c'est que d'avoir un Ministre des Finances modéré. (*Applaudissements.*)

Malgré tous les dangers du présent et toutes les menaces de l'avenir, vous ne vous laisserez pas distraire de votre œuvre. Dans le Congrès qui s'ouvre aujourd'hui, vous allez compléter le programme social que vous élaborez depuis longtemps et tracer le programme politique que vous entendrez suivre aux élections prochaines.

Ce programme social comporte trois questions d'une importance considérable :

D'abord la Représentation Proportionnelle dont notre cher ami de Gailhard-Bancel vous expliquera le mécanisme. Il le fera un peu avec un sentiment paternel, car c'est à lui que nous devons en cette matière des idées qui seront, je l'espère, les idées de tous. (*Applaudissements.*)

Vous aurez ensuite à vous occuper du Statut des Fonctionnaires. C'est notre ami M. Groussau qui sera chargé de tracer avec vous la charte des fonctionnaires : il n'est pas sûr d'arriver à temps, car, à voir l'empressement avec lequel ces Messieurs constituent leur Fédération, il est fort à croire qu'au moment où la loi viendra en discussion, il n'y aura plus de droits à leur concéder : ils les auront tous conquis, pour ne pas dire usurpés.

Les fonctionnaires sont pour la plupart de très braves gens. Le Gouvernement dit qu'ils sont 650.000, les statisticiens prétendent qu'ils sont 750.000, peut-être 800.000. De fait, personne n'en sait rien, il y a longtemps que tout le monde en a perdu le compte.

Ces fonctionnaires que rien ne protège sont, comme nous, sans Constitution ; car je suppose que personne ne prend pour une Constitution la loi de procédure administrative qu'on appelle la loi d'organisation des pouvoirs publics.

Leur avancement, leur droit de père de famille, la liberté de leur conscience, tout est livré à la discrétion et des petits tyranneaux qui règnent en seigneurs et maîtres dans leurs arrondissements et des petits Césars qui peuplent les banquettes de la Chambre et du Sénat.

Il faut leur garantir avec ces droits — et ce sera une grande nouveauté dans le pays — le droit de voter librement, car ils sont citoyens au même titre que les autres. Le leur refuser, c'est dire que le Suffrage universel est le mensonge universel.

Ils sont 700.000, ai-je dit. Depuis longtemps l'opposition n'a jamais été battue à une pareille majorité. Ce sont donc les fonctionnaires qui font la majorité dans notre pays. Qu'est la liberté politique s'ils reçoivent leur bulletin de vote des mains du préfet ou du ministre ! (*Applaudissements.*)

Après le Statut des Fonctionnaires, vous aurez à examiner une autre question bien poignante : le travail à domicile. On ne sait pas tout ce qui se cache de souffrances et d'abus sous cette simple formule. On ne se représente pas, dans ce Paris brillant si absorbé par ses affaires et ses plaisirs, si fier de son luxe, ce qu'est la condition de la malheureuse ouvrière qui travaille de longues heures pour le plus maigre salaire, et dont l'aiguille, le soir, pèse dans ses mains aussi lourdement que la bêche dans la main du paysan ou le marteau dans la main de l'ouvrier. (*Applaudissements.*)

La malheureuse n'a pas d'atelier où elle trouve la protection d'un règlement ; elle n'a pas de Syndicat qui défende ses droits. Sa mansarde seule connaît le secret de son surmenage et de ses privations. (*Applaudissements.*)

Qui donc la défend, qui donc la protège ! Je sais bien que des femmes du monde admirables, que des hommes de grand cœur prennent leur cause et leur viennent en aide ; que peuvent ces efforts individuels contre toutes les souffrances répandues cachées dans la pauvre chambre des ouvriers des grandes villes !

Un des nôtres s'en est occupé ; c'est celui qui a été le semeur inlassable des idées fraternelles, le promoteur de toutes les réformes dont, aujourd'hui, tout le monde se réclame. C'est Albert de Mun..... (*Vifs applaudissements.*) C'est Albert de Mun, comme l'histoire le nommera. Il a élaboré un projet qui doit protéger l'ouvrière contre tous les maux dont elle souffre ! Encore un projet de loi, direz-vous, c'est de l'étatisme ! Oh ! de grâce, n'ayons pas la superstition des mots. Ce serait en vérité trop grand dommage qu'un scrupule d'orthodoxie maçonnique livrât sans défense à la misère et à la souffrance tant de malheureuses dignes d'une immense pitié.

M. de Mun vous soumettra ce projet dans lequel il a mis toute son expérience d'homme politique et tout son cœur de grand chrétien. (*Applaudissements.*)

Enfin viendra le programme électoral. Comme je suis un peu voué à cette besogne électorale si ingrate, c'est moi, mes chers amis, qui traiterai avec vous cette question.

Je ne veux pas anticiper sur vos décisions en vous parlant des articles de ce programme. Je ne vous entretiendrai même pas de la Représentation Proportionnelle. Mais vous me permettrez bien de dire un mot d'une question sur laquelle nous sommes si bien d'accord, que je ne crains pas de préjuger vos décisions.

Cette question est celle de la liberté de l'enseignement, de la protection de l'enfance à l'école publique. (*Applaudissements.*)

La neutralité est une vieille connaissance. Il y a longtemps qu'elle fait parler d'elle et il est à craindre qu'elle en fasse parler longtemps encore. C'est qu'un mauvais arbre ne peut porter que de mauvais fruits et que d'un principe faux ne peuvent sortir que des conséquences dangereuses.

La neutralité, je ne dis pas comme M. Aulard qu'elle soit une sottise : mais je dis, pour être poli, qu'elle est une chimère.

Qu'est-ce donc qu'être neutre ! Ne dire ni oui ni non, ou bien dire à la fois oui et non : l'un est contradictoire ; l'autre est absurde et les deux sont néfastes. (*Applaudissements.*)

Quand on a la prétention d'enseigner l'histoire sans se contenter d'apprendre des faits et des dates, il faut la commenter et, pour la commenter, exprimer une opinion. Dès lors, il n'y a plus de neutralité.

Quand on veut enseigner la morale et le devoir, il faut dire quelle en est l'origine, le caractère, la sanction. Se prononcer, c'est prendre parti, et ne pas se prononcer, c'est encore en prendre un. (*Applaudissements.*)

D'ailleurs, cette neutralité dont on fait si grand bruit, les fondateurs de l'école publique ne l'ont pas voulue. Jules Ferry et Paul Bert, qui ont défendu devant les Chambres leur loi de 1882, se sont réclamés du spiritualisme et ont déclaré ne pas vouloir de l'école sans Dieu.

Dans les règlements universitaires de 1882, les quels n'ont pas été abrogés officiellement, mais qui le sont de fait par les usurpations sectaires de mauvais instituteurs, il est écrit qu'on enseignera aux enfants les devoirs envers Dieu. Les libres penseurs, auteurs de la loi scolaire, croyaient, comme Tolstoï, qu'il y a « des principes éternels et primordiaux qui seuls empêchent les hommes de devenir des bêtes fauves ». (*Applaudissements.*)

Grâce aux événements, grâce à l'ambiance nouvelle, la légère couche de spiritualisme, d'abord étendue sur l'école publique, s'est effacée peu à peu. Se croyant encouragés par les puissants du jour — et ils n'avaient pas tort — beaucoup de maîtres lui ont substitué une épaisse couche de positivisme. Grâce à eux, la neutralité s'est transformée ; de spiritualiste qu'elle était, elle est devenue matérialiste, sinon partout, car il faut se garder de trop généraliser, au moins dans beaucoup d'écoles.

Devant cette poussée d'idées matérialistes, les évêques de France ont jeté les hauts cris et donné le signal d'alarme.

Quelle clameur ils ont soulevée! Le Bloc en détresse, déjà lézardé de bas en haut, a jugé l'occasion propice de rassembler tous ses morceaux épars ou prêts à se séparer, de combler ses fissures, de se donner une apparence d'unité. Comme il n'en a jamais fait d'autre, il a eu celle de saisir la balle au bond. Voici donc les fils de la Veuve, les Voltairiens, les libéraux indifférents et sceptiques, les ambitieux jaloux de plaire, accourir à la défense de l'école laïque. (*Applaudissements.*) Tous ensemble ont mis à l'eau leur vieux bateau, leur vieux sabot, le cléricalisme, et ce ne sont pas les passagers de la onzième heure qui ont été les moins empressés à y monter. (*Applaudissements.*)

Les évêques! Mais ce sont des réactionnaires, des révoltés, des émissaires de la faction romaine, des partisans de l'étranger toujours à l'affût d'une occasion pour saper la République!

On leur reproche de n'être pas, en thèse, les partisans de l'école neutre. Y a-t-on bien songé ?

Comment, on voudrait que les évêques ne proclament pas les vérités dont ils ont le dépôt, qu'ils reconnaissent les mêmes droits à l'erreur et à la vérité, qu'ils tiennent la balance égale entre la révélation et le libre examen, entre Luther et le Pape, qu'ils disent comme Pilate : « Qu'est-ce que la vérité ? » Allons donc ! ils sont les docteurs de la foi, les gardiens de la tradition chrétienne. L'école neutre ne peut être la leur.

Qu'ils préfèrent les écoles chrétiennes aux autres, cela va de soi ; mais ne dites pas qu'ils sont de parti pris les ennemis de l'école laïque ; ils n'attaqueraient pas l'école laïque si celle-ci n'attaquait pas la religion. (*Applaudissements.*)

Que l'école publique respecte les croyances des enfants et soyez certains que les évêques respecteront l'école publique.

La Maçonnerie voudrait mieux ; elle voudrait que devant les pires abus les évêques fussent ces chiens muets, qu'ils regardent en silence les malfaiteurs enfoncer la porte de la maison.

Leur honneur a été d'avoir signalé à la France entière le danger et d'avoir marché résolument à l'ennemi, sans s'émouvoir des imprécations des loges. Imprécations bien vaines, car elles ne feront pas reculer d'une semelle ces bons Français qui savent unir le culte de la Patrie avec celui de Dieu, ils écouteront avec mépris les hypocrites s'épancher en indignations menteuses et dire qu'ils sont au service d'une puissance étrangère. Rome et la France sont inséparables dans leurs cœurs, ils les défendent avec le même amour ; l'une représente la liberté spirituelle, l'autre la Patrie. (*Applaudissements.*)

Quant au Gouvernement, il aurait mieux à faire qu'à prendre des airs tragiques et à préparer quelques-unes de ces lois perfides qu'il sait limer avec tant de soins et tremper ensuite dans quelque poison anticlérical.

Son devoir serait de prêter l'oreille aux conseils qui lui viennent de si haut et de vérifier les livres qu'on lui dénonce. S'il les vérifiait, il y trouverait à chaque page une caricature constante et une agression impudente de déguiser l'histoire et les croyances religieuses.

Mais non, le Gouvernement n'a pas de temps à perdre ; il n'a pas même celui de songer à la ridicule procédure qui préside au choix de ces livres de classes.

Ce sont les instituteurs, réunis par canton, qui en sont les juges et les seuls juges. Et les livres presque toujours sont les œuvres de personnages universitaires qui, sûrs d'un débouché, n'ont pas voulu manquer l'occasion de vendre leurs écrits.

Pourquoi, au lieu de dresser la liste des livres défendus, ne pas dresser celle des livres autorisés ; les instituteurs ne seraient pas obligés à mettre à l'index les livres de leurs chefs.

On dit bien que l'inspecteur d'Académie, le recteur ont le droit de vérifier les livres choisis par les instituteurs. Est-ce une garantie ? Exercent-ils ce droit de contrôle que personne ne peut leur imposer ? Personne ne se plaint, MM. les Fonctionnaires ne troublent pas leur quiétude par d'inutiles vérifications.

Quelle procédure ! c'est le huis-clos, le silence sans contradiction ni recours possible d'aucune sorte contre la décision des instituteurs cantonaux. Voilà, Messieurs, sous quel régime nous vivons.

Qu'est-ce donc, dans ces conditions, que l'enseignement obligatoire ? C'est l'embrigadement de la jeunesse conduite de force « dans des écoles ennemies » où l'on n'enseigne que ce que les ennemis de la religion ont décidé d'enseigner.

Le droit des milliers de pères et de mères de famille est nul, nul aussi celui des milliers de contribuables qui, par leurs ressources, alimentent le service de l'enseignement public. Ni les uns ni les autres ne sont consultés. Personne n'a voix au chapitre. Les enfants, ce sont des victimes obligées à tout souffrir et les parents des spectateurs impuissants obligés à tout voir en silence.

Les mêmes gens qui maudissent bruyamment l'Inquisition, l'Index, ont perfectionné l'Inquisition et l'Index.

Les sectaires parlent toujours de la révocation de l'Edit de Nantes ! Ils ont, eux, révoqué celui que les fondateurs de l'enseignement libre avaient donné à la France. Y a-t-il pire tyrannie que celle de l'Etat mettant la main sur toute la jeunesse de la nation au nom de son droit d'enseigner, la conduisant dans ses écoles pour lui verser goutte à goutte le poison mortel de son matérialisme. L'enseignement obligatoire ainsi compris est un coupe-gorge, et les familles ont le droit de se lever pour empêcher qu'un pareil crime soit perpétré plus longtemps. (*Applaudissements.*)

Dans votre réunion de samedi, vous direz quel programme vous tracerez à ceux qui vous demandent vos suffrages. Je suis convaincu que le mandat que vous leur donnerez sera digne de cette France restée chrétienne malgré tout, qui n'entend pas capituler devant les francs-maçons, les jacobins et les hypocrites. (*Applaudissements vifs et répétés.*)

Ce discours est accueilli par une triple salve d'applaudissements.

M. Néron, député de la Haute-Loire, montre ensuite le néant de l'œuvre législative accomplie par la majorité radicale-socialiste.

Voici le discours qu'a prononcé le sympathique député de la Haute-Loire :

DISCOURS DE M. NÉRON

MESDAMES,
MESSIEURS,

Au début de ce sixième Congrès de l'Action Libérale Populaire, auquel l'approche des élections générales de 1910 donne une si grande importance, il m'a semblé utile, — puisque notre cher président M. Piou m'a convié à prendre la parole aujourd'hui devant vous, — de dresser très brièvement, mais très clairement le bilan de l'œuvre législative accomplie par la Chambre dont les pouvoirs vont expirer dans quelques mois.

Lorsque le 25 décembre 1906, M. Clemenceau, nouveau président du Conseil des ministres, se présenta devant la Chambre, il lui apporta un programme complet de réformes dont — il faut le dire — la réalisation complète aurait demandé quelques législatures.

Examinons rapidement quels étaient les principaux articles de ce programme, quelle suite leur a été donnée et quelles satisfactions le peuple français en a retirées.

Les principaux articles de ce programme étaient : le rachat de l'Ouest, la réforme des Conseils de guerre, la réalisation des retraites ouvrières, la refonte de notre système d'impôts directs par la création d'un impôt sur le revenu.

Mais il fallait tout d'abord mettre en pratique la nouvelle loi de séparation des Églises et de l'État ; et, lorsque se fut achevée l'année qui avait été accordée comme terme pour assurer la transition entre l'ancien et le nouveau régime des cultes, il se trouva qu'aucune des hypothèses qui avaient été envisagées ne se réalisa et que la seule à laquelle on n'avait pas songé se produisit : le saint Père interdisait, avec juste raison, aux catholiques de France de constituer des associations cultuelles.

Il était donc nécessaire de statuer rapidement sur le régime auquel devaient être soumises les Églises. C'est alors que fut votée la loi du 2 janvier 1907, en vertu de laquelle la propriété des édifices publics du culte fut attribuée aux communes, la jouissance aux catholiques, édifices dans lesquels le prêtre se trouvait être « un occupant sans titre juridique ».

Jusqu'à ce jour, aucun conflit sérieux ne s'est encore dressé entre les autorités communales et les autorités ecclésiastiques. Il est à peu près certain que tant que M. Briand restera au pouvoir — c'est dans ses vues et dans sa politique — aucune difficulté ne sera soulevée. Mais M. Briand n'est certes pas assuré de garder le pouvoir indéfiniment et d'ici deux ans, trois ans, quatre ans, nous pourrons voir à sa place comme président du Conseil ou comme ministre des Cultes, un de ses collègues comme M. Allard, par exemple. S'il en était ainsi, avec la loi actuelle régissant les établissements officiels du culte, nous pourrions assister à n'en pas douter aux conflits les plus graves.

Puis, sous prétexte de hâter la procédure relative à la liquidation des établissements ecclésiastiques, la Chambre a voté cette loi du 13 avril 1908 concernant les biens de fabriques et les fondations pieuses, qu'a stigmatisée en termes cinglants notre cher président et qui n'a fait, comme il le disait, que consacrer la spoliation des morts. (*Applaudissements.*)

Examinons maintenant le programme économique et social de la majorité radicale socialiste, auquel je viens de faire allusion.

Tout d'abord, le rachat de l'Ouest. Certes, il ressort des rapports que nous avons pu lire et aussi de ce qui nous nous a été dit par les intéressés, que l'Administration du réseau de l'Ouest laissait à désirer. Mais ce qu'on ne nous a pas dit, ce que le Ministère avait soigneusement caché, c'est que depuis des années le Conseil d'administration de ce réseau demandait au Gouvernement de la façon la plus pressante, l'autorisation d'engager les dépenses nécessaires pour améliorer sa gestion. Le Gouvernement s'y refusait obstinément parce qu'il voulait racheter le réseau de l'Ouest, non pas pour procéder à une opération économique, mais dans un but politique.

Pourquoi donc a-t-il jeté son dévolu sur ce réseau de préférence à tout autre ? Uniquement parce que la région qu'il dessert est encore en grande majorité représentée par des députés libéraux et qu'il était nécessaire à la réalisation des plans du Gouvernement de transformer la masse des employés de cette compagnie en une armée de fonctionnaires qui désormais pourraient voter au doigt et à l'œil et donneraient au Gouvernement, dans cette région, la majorité qu'il désirait. (*Applaudissements.*)

En fait, cette réforme se traduit purement et simplement par l'inscription dans un coin du budget de 1910 d'une somme de 91 millions destinée à perfectionner ses services. A ce prix-là, je comprends qu'on puisse obtenir quelques améliorations. (*On rit.*)

La seconde réforme importante inscrite au programme est la réforme des Conseils de guerre.

Nombreux sont ceux qui, parmi nous, désiraient une réforme des Conseils de guerre et surtout une réforme du Code de justice militaire. Parmi ceux qui siègent ici, notre ami M. Ollivier est l'auteur d'un contre-projet que j'ai été heureux de signer avec plusieurs de mes collègues. Mais le projet préparé par le Gouvernement d'alors avec la Commission, a été, au cours de la discussion devant la Chambre, tellement modifié et transformé que, lorsque le Sénat en abordera l'examen, il sera obligé, s'il veut faire quelque chose de sérieux, de le remanier complètement.

Le troisième réforme est celle des retraites ouvrières et paysannes.

Vous vous souvenez qu'à la fin de la précédente législature, c'est-à-dire au printemps de l'année 1906, la Chambre avait voté un projet de retraites ouvrières et paysannes dont voici les grandes lignes : tout ouvrier de la terre ou de l'usine devra, à partir de l'âge de 60 ans, toucher une retraite de 360 francs par an ; les ressources nécessaires pour assurer le paiement des retraites devront être fournies par tiers par l'Etat, par les employeurs et par les ouvriers.

Mais lorsque ce projet arriva devant le Sénat, la Commission spéciale chargée de l'étudier put facilement reconnaître qu'au point de vue financier notamment ce projet était absolument irréalisable ; que s'il était voté et mis en application, dès la première année une somme de plus de 400 millions devrait être fournie par l'Etat et que lorsqu'elle serait en plein fonctionnement, la somme à fournir par l'Etat atteindrait 500 ou 600 millions. Or nous verrons dans un instant que l'état actuel des finances ne nous permet pas de nous livrer à de pareilles fantaisies.

Le Gouvernement lui-même l'a reconnu, puisque par l'organe du Ministre du Travail, M. Viviani, — un socialiste bon teint, cependant, — il fit déclarer à la Commission du Sénat qu'il ne pouvait allouer pour les retraites qu'une somme forfaitaire de 100 millions représentant le maximum des sacrifices que l'Etat pouvait souscrire.

C'est alors que la Commission du Sénat a mis sur pied un nouveau projet dont je ne vous parle pas puisque le Sénat ne fait qu'en commencer l'examen et que très probablement ce projet sera remanié de fond en comble.

Tout ce que je puis dire ici, certain d'être en cela l'interprète de nos amis du Groupe de l'Action Libérale, c'est que je souhaite que ce projet finisse par aboutir. Je suis heureux de rappeler — M. Piou l'a déjà fait tout à l'heure — que c'est un des nôtres, M. Albert de Mun qui, au mois de mai 1886, déposa le premier un projet de loi de retraites ouvrières comportant l'obligation du versement par le patron et par l'ouvrier, non pas dans une caisse centrale, mais dans des caisses autonomes où patrons et ouvriers pourraient suivre et contrôler l'emploi des fonds. (*Applaudissements.*)

Je saluerai aussi en passant le nom de nos amis de Gailhard-Bancel et Lerolle qui en 1901 et en 1905 ont pris à la Chambre une part si active à la discussion des divers projets de retraites ouvrières. (*Applaudissements.*)

J'en arrive, Messieurs, à ce qu'on a pu appeler la grande pensée du règne de M. Clemenceau, à l'impôt sur le revenu. Son grand argentier, M. Caillaux, lorsqu'il a dressé ce projet, semble s'être inspiré de cette boutade d'un publiciste facétieux qui disait : « En matière de taxe, il faut demander plus à l'impôt et moins au contribuable. » Il semble même que M. Caillaux ait voulu encore forcer cette formule en disant « qu'il faut demander tout à l'impôt et plus rien au contribuable ».

Je me garderai bien d'aborder devant vous l'examen de ce projet auquel a fait allusion M. Piou. D'ailleurs, vous aurez, samedi, la bonne fortune d'entendre M. Jules Roche, ancien Ministre du Commerce et député de l'Ardèche, faire la critique de ce projet et le démonter d'une façon complète, si je puis m'exprimer ainsi.

Mais ce que je tiens à souligner ici, c'est qu'à diverses reprises soit à la Chambre, soit dans des réunions publiques, soit dans des discours, M. Caillaux n'a cessé d'affirmer qu'il voulait réaliser son projet d'impôt sur le revenu pour dégrever l'agriculture et le commerce : « Nous voulons, disait-il, entraîner avec nous la grande armée des ruraux. »

Je puis affirmer que si la majorité radicale socialiste qui est au pouvoir depuis dix ans, avait voulu, comme elle l'a dit, dégrever la terre, dégrever les paysans, elle aurait pu, il y a longtemps, accomplir cette réforme sans procéder à un bouleversement complet de notre système d'impôts directs.

Je vais vous le démontrer.

Parmi les taxes directes, il en est deux qui pèsent d'une façon très lourde sur l'agriculture : l'impôt foncier non bâti et l'impôt des portes et fenêtres. L'impôt foncier non bâti a un principal de 105 millions ; l'impôt des portes et fenêtres a un principal de 50 millions, soit un total de 155 millions à dégrever. Il est facile d'établir qu'on pouvait supprimer le principal de ces deux impôts sans alourdir en aucune façon la charge des autres contribuables. Voici comment.

Au cours de ces dix ou quinze dernières années, le Trésor français a bénéficié de ce que j'appellerai deux aubaines ; en 1894, M. Burdeau, et en 1902, M. Rouvier ont procédé à deux conversions successives de la Rente française qui ont procuré au Trésor une économie totale annuelle de 102 millions, première aubaine.

Puis, alors qu'en 1900 une somme de 115 millions était inscrite au budget pour faire face à la charge des garanties d'intérêts à payer aux Compagnies de chemins de fer, il s'est trouvé qu'en 1907, par suite de la prospérité croissante de l'agriculture et de l'industrie, cette somme a pu être réduite, en fait, à environ 10 millions. Il y a donc eu de ce chef une nouvelle économie de 105 millions : deuxième aubaine. Si vous ajoutez cette somme aux 102 millions produits par le boni de la double conversion de la Rente, que je viens de rappeler, vous avez une économie totale de 207 millions, somme bien supérieure aux 155 millions qui auraient été nécessaires pour dégrever du principal du foncier et du principal de l'impôt des portes et fenêtres. (*Applaudissements.*)

Voilà donc quelles réformes ont été accomplies par la majorité radicale socialiste qui nous gouverne ; vous le voyez, elles ont été minces.

Il en est cependant une qui s'imposait, c'est la réforme financière à laquelle M. Piou a fait allusion tout à l'heure.

Ainsi que je le disais à Lyon, il y a quelques jours, le budget des dépenses de la France s'élevait en 1874 à la somme de 2.414 millions.

En 1909, le budget des dépenses a atteint la somme effroyable de 4.005 millions et pour l'an prochain le total des dépenses est évalué à 4.152 millions ; pour combler ce déficit, on nous demande une surimposition de 200 millions d'impôts nouveaux.

Il est bon d'ajouter que cette surcharge n'est pas le fait spécial de l'Etat et que les dépenses s'accroissent aussi dans les départements et dans les communes.

Je n'ai pas pu trouver, à la bibliothèque de la Chambre, le montant de l'augmentation des dépenses concernant les départements au cours de ces dernières années ; mais en ce qui concerne les communes, j'ai trouvé un détail intéressant qui montre quelle est la progression constante de leurs charges. En 1889, le total des centimes additionnels s'élevait à 1.993.875 , en 1908, ce total est passé à 2.386.134. Il n'est pas possible d'aller plus loin dans cette voie. Il est de toute nécessité d'enrayer. Car on ne peut demander à un peuple dont la natalité non seulement est stationnaire mais même devient inférieure à la mortalité, de supporter des charges toujours croissantes.

Pour porter remède à cette situation, il est nécessaire, comme le rappelait notre président, de procéder à une refonte complète de notre vieux système administratif qui se caractérise aujourd'hui, selon l'éloquente et spirituelle expression de M. Piou, par une floraison extraordinaire du nombre des fonctionnaires ; car, si en 1875, ils étaient 350 millions, ils sont aujourd'hui plus de 850 millions.

M. le Président du Conseil lui-même est d'avis qu'il y a lieu de procéder à la réforme administrative, mais avant il est nécessaire d'accomplir la réforme électorale. Voilà pourquoi, nous, membres de l'Action Libérale, nous sommes les partisans résolus de la représentation proportionnelle qui donnera dans le vote plus d'indépendance et plus de justice et qui nous permettra de réaliser la réforme administrative, susceptible d'alléger le contribuable français. (*Applaudissements.*)

Vous le voyez, le bilan de l'œuvre des radicaux et des radicaux-solialistes se traduit d'une façon négative. Ils ont beaucoup promis, ils n'ont rien tenu. Nous sommes à la veille des élections : les électeurs peuvent et doivent leur demander un compte sévère de leur conduite ; ils doivent leur demander pourquoi tant de promesses n'ont pas été tenues alors qu'ils étaient le nombre et qu'ils avaient la toute-puissance.

Il est possible que, pour détourner l'orage, la majorité radicale-socialiste cherche un dérivatif. C'est très probablement la raison pour laquelle nous assistons en ce moment à un renouveau de guerre religieuse et surtout à cette lutte effroyable entreprise contre la liberté de l'enseignement.

Si ces luttes, ces polémiques, ces guerres dont nous sommes menacés ne constituent qu'un artifice pour tromper l'électeur, nous nous devons à nous-mêmes de le dévoiler, de le démasquer, d'indiquer au peuple en quoi et pourquoi on veut le tromper. Puisque la lutte s'engage sur le terrain scolaire, que nos adversaires sachent bien que nous sommes prêts à nous défendre. Nous lutterons pour la liberté de l'enseignement qui est le corollaire de cette liberté sacrée entre toutes, la liberté de conscience. (*Applaudissements.*)

La liberté, nous la voulons pour tous et, pour nous, catholiques, nous la voulons complète. Nés citoyens libres sur une terre libre, nous ne voulons plus être dans notre pays une race de parias. (*Applaudissements vifs et répétés.*)

Pour obtenir la victoire, il est nécessaire que, dans les limites tracées avec tant d'éloquence et de sagesse à Lyon par notre président M. Piou, l'union se fasse complète entre tous les catholiques, entre tous les honnêtes gens de notre excellent pays de France. Si cette union est réalisée, vous pouvez en être certains, nous verrons luire l'aube de la victoire et nous n'aurons pas atteint un mince résultat puisque nous aurons contribué à la consolidation définitive de la vraie république par le triomphe du droit, de la justice et de la liberté. (*Vifs applaudissements.*)

Ce discours est accueilli par les applaudissements unanimes de l'Assemblée.

M. Louis Hébert, avocat à la Cour et conseiller municipal de Dijon, raconte ensuite avec humour l'histoire de Morizot, cet instituteur de la Côte-d'Or dont il obtint la condamnation, après enquête, par la Cour de Dijon.

DISCOURS DE M. LOUIS HÉBERT

Mesdames,

Messieurs,

M. le Président général m'a fait un très grand honneur en me demandant de prendre la parole à cette séance d'ouverture de notre Congrès. J'en sens tout le prix et je sens aussi le peu d'autorité de ma parole pour traiter la question la plus grave à l'heure actuelle : la question scolaire.

Et je dois à la fois cette charge et cette faveur aux circonstances qui m'ont permis d'être, devant le tribunal et la Cour de Dijon, l'avocat du procès Morizot. Permettez-moi de vous résumer cette affaire en quelques mots.

Morizot était un instituteur comme on en voit peu. Cet homme de bien, ce fonctionnaire méritant n'avait fait que quatorze communes en quinze ans. (On rit.) Il y avait eu d'ailleurs des succès vraiment prodigieux, puisqu'il avait fini par être nommé dans une commune de la Côte-d'Or, Viévigne, qui compte en tout soixante-quatorze électeurs. Bref, c'était, comme vous le voyez, un instituteur appelé à de hautes destinées.

Viévigne est une localité comme à peu près toutes celles de la Côte-d'Or, où la majorité est radicale et où l'on n'est ni plus ni moins chrétien qu'ailleurs. Il est arrivé cependant que certains pères de famille de cette commune se sont subitement résolus à ne plus laisser fouler aux pieds leur liberté. Il y avait eu déjà à Viévigne un instituteur dont on avait eu à se plaindre à tel point que l'inspecteur d'Académie avait dû le déplacer. Mais par une délicatesse toute spéciale ce mauvais instituteur avait été remplacé par l'illustre Morizot déjà fort connu grâce à la réputation qu'il avait laissée dans ses autres résidences.

Il y avait à peine deux mois que Morizot exerçait à Viévigne lorsqu'on apprit que ce triste individu tenait dans sa classe les propos les plus invraisemblables. L'instituteur passait d'ailleurs pour être aussi sale au physique qu'au moral. On fit une enquête auprès des enfants. Cette enquête donna des résultats stupéfiants. C'est alors qu'un père de famille, M. Girodet, avec deux de ses amis, déposa une plainte formelle contre l'instituteur.

Le maire écrivit à l'inspecteur d'Académie, fit lui-même, paraît-il, une démarche auprès de celui-ci et ce n'est qu'après l'insuccès de ces démarches que l'on se résolut à intenter contre Morizot un procès en vertu de l'art. 1382, procès extrêmement banal à l'origine et qu'on ne soupçonnait pas destiné à avoir le retentissement que vous savez.

On envoya donc du papier timbré à Morizot et même à ce sujet on raconte qu'une scène délicieuse se passa devant l'huissier porteur de l'assignation. Il paraît, en effet, qu'à ce moment, et en présence de l'officier ministériel Morizot reçut de sa femme des reproches assez sentis.

Trois jours après, la Société de Secours Mutuels des Instituteurs du département se réunissait à Dijon et sans savoir si l'instituteur était oui ou non coupable, elle déclarait se solidariser avec lui et assumer les frais du procès.

Le procès eut lieu : je plaidai devant le Tribunal de Dijon qui ce jour-là était composé de magistrats légèrement fatigués. (On rit.) Pour n'avoir pas à prendre parti sur une question de principe et pour éluder une question de compétence assez délicate, ces magistrats me déclarèrent que cela ne les regardait pas et que je devais m'adresser ailleurs, à la Cour de Dijon. D'après le Tribunal les propos prêtés à Morizot constituaient « des appréciations de choses et d'idées dont l'objet rentre dans l'enseignement de l'instituteur ». Nous interjetâmes appel et la Cour de Dijon — cela lui fait honneur — déclara que j'avais eu parfaitement raison d'intenter le procès devant la juridiction civile et que si cet instituteur avait tenu les propos incriminés, non seulement il n'avait pas agi comme sa fonction lui donnait le droit de le faire, mais encore il avait commis un véritable abus de confiance et un délit de droit commun. La Cour alla même plus loin et elle déclara que si les propos avaient été tenus, ils relevaient de la juridiction criminelle.

Ce fut dans le Landerneau pédagogique une stupeur profonde. Trois jours après l'arrêt, un député fort connu, M. Dessoye, président de la Ligue de l'Enseignement, monta à la tribune de la Chambre et demanda des explications au Ministre de l'Instruction publique, alors M. Briand. M. Briand est un homme fort intelligent ; il parle très bien, mais peut-être parle-t-il trop bien et n'a-t-il pas le temps de lire. Quoi qu'il en soit, il ne connaissait pas un mot de l'affaire. Mais comme un ministre doit, en principe, savoir tout ce qui se passe dans son ressort, M. Briand sans s'être enquis si les propos avaient été tenus ou ne l'avaient pas été, déclara qu'il n'y avait là qu'un épisode de la guerre entamée par les cléricaux contre l'école laïque et qu'il allait prendre les mesures nécessaires. Il ajouta même qu'après avoir épuisé toutes les juridictions, si par hasard il se trouvait un tribunal français pour donner raison aux pères de famille, il se chargeait lui, d'y mettre bon ordre et qu'il demanderait à la Chambre le vote des lois nouvelles. C'était on ne peut plus républicain, comme vous le voyez.

Donc, on épuisa toutes les juridictions. On souleva d'abord un déclinatoire d'incompétence. Le déclinatoire est une petite formalité très compliquée que je n'essaierai pas de vous expliquer ce soir. Mais cela permet à un préfet de demander à un tribunal qui s'est prononcé sur une affaire, de se prononcer une deuxième fois. Le déclinatoire ne produisait aucun effet. La Cour de Dijon se borna à répondre très courtoisement au préfet qu'elle maintenait sa décision. On s'adressa alors au Tribunal des conflits, la première juridiction de France, composée de membres du Conseil d'Etat et de la Cour de cassation. Le Tribunal des conflits répondit, après la Cour de Dijon, que si les propos avaient été tenus, ils constituaient une faute lourde à la charge de l'instituteur, faute dont celui-ci était responsable et par voie de conséquence le tribunal des conflits jugea que l'action civile avait été dûment engagée. On avait en vain plaidé que Morizot n'était passible que d'une peine disciplinaire. Le Tribunal des conflits affirma « que l'exercice éventuel de l'action disciplinaire par l'autorité universitaire ne saurait mettre obstacle à l'action du père de famille ».

Nous revînmes devant la Cour de Dijon qui ordonna une enquête. A cette enquête comparurent vingt-huit témoins, dix-sept cités par M. Girodet et onze par Morizot. Les dix-sept premiers témoins étaient tous d'accord; c'étaient des enfants dont, on le sait, les témoignages sont suspects, mais qui furent interrogés par un conseiller à la Cour très expérimenté, très habitué à présider des sessions d'assises et qui connaît admirablement la valeur du témoignage des enfants. C'est vous dire qu'il tira de ces enfants tout ce qui fut de nature à établir la vérité. Or, ce conseiller déclara dans son rapport que ces enfants avaient témoigné avec une telle lucidité d'esprit, se servant chaque fois du mot juste quoique les phrases ne fussent pas toujours les mêmes, qu'il était impossible de mettre en doute leur témoignage.

Quant à Morizot, il n'a pas eu de chance avec ses témoins. Six ont témoigné contre lui. Il y eut parmi eux notamment un cantonnier et son fils dont les dépositions ont fait ma joie. Lorsqu'on demanda au cantonnier (un fonctionnaire indépendant !) de dire ce qu'il savait des propos tenus par Morizot, il répondit : « Je connais Morizot, c'est un brave homme, il n'a pas pu tenir ces propos. » Son fils, interrogé de la même façon après lui, dit : « Comme papa vous l'a dit tout à l'heure, je n'étais pas en classe le jour où Morizot l'a dit. » (On rit.)

La seule déposition qui fut réellement en faveur de Morizot fut celle de l'inspecteur primaire. Devant la juridiction civile, ce fonctionnaire, chef immédiat de Morizot et qui aurait dû sévir contre la faute commise par son subordonné, se fit, au contraire, son défenseur et je dois dire qu'il l'a défendu avec une habileté machiavélique. Il a détourné les propos de leurs sens et il a trouvé même au sujet de l'un d'eux une explication délicieuse. Je soutenais que Morizot avait dit « que les soldats français étaient des voyous et des lâches ». L'inspecteur d'Académie déclara que ce propos n'avait pas d'importance parce qu'il s'appliquait à des soldats de 1806.

Telle fut l'affaire Morizot, affaire, comme vous le voyez, très banale et qui devait cependant avoir un retentissement puisque c'est à elle qu'on doit les projets de M. Briand et de M. Doumergue.

Le projet de M. Briand pour moi ne compte pas. Il décide que lorsqu'on voudra attaquer un instituteur, ce n'est pas l'instituteur qui répondra, mais le préfet. Peu nous importe. Je signale cependant en passant combien ce procédé est peu républicain pour des gens qui, sous l'Empire, avaient fait de la suppression de l'immunité des fonctionnaires un des tremplins de l'opposition et un des principaux articles de leur programme. Mais qu'est-ce que cela peut nous faire, que le préfet vienne le premier jour ou le deuxième ? Dans l'affaire Morizot, il est venu non pas le premier jour, mais le second et cela n'a rien empêché. Je connais un brave paysan qui juge ainsi le préfet : « Le préfet, c'est un individu qui a un chapeau à claque et une figure idem, cela ne suffit point à m'effrayer. » (On rit.)

Donc, le projet de M. Briand n'a aucune importance ; il n'en est pas de même de celui de M. Doumergue, car il prévoit la prison, non seulement pour ceux qui à tort auraient intenté un procès contre un instituteur innocent, mais encore contre des parents qui se permettraient de discuter l'enseignement de l'instituteur ou les manuels scolaires. Comme toujours, un traitement de faveur est réservé au clergé, il est prévu que les peines seront doubles lorsque le délinquant sera un évêque ou un curé.

Ce projet doit être combattu avec la dernière énergie en raison des pénalités qu'il prévoit, mais surtout en raison du principe immoral qu'il pose. C'est la reprise de la vieille thèse maçonnique, à savoir que l'enfant est à l'État. Or, l'enfant n'est pas à l'État et cela pour une raison de bon sens. Si l'État a le droit de donner l'instruction, l'éducation, il faut savoir d'où il tient ce droit. Celui qui enseigne est celui qui sait, car pour enseigner il faut savoir. Or, que peut savoir l'État ? Où a-t-il pu prendre une science, une morale, une philosophie, une doctrine, cet État qui était avant-hier monarchiste, hier bonapartiste, aujourd'hui républicain et demain peut-être sera anarchiste ? Où donc commence sa morale et où se termine sa philosophie ?

Seul connaît la nature de l'enfant celui qui est son auteur, celui qui l'a élevé, qui a veillé sur son berceau, qui s'est imposé des privations pour le faire vivre. Quant à l'État, irresponsable par principe, il l'est encore davantage par l'impossibilité où il est de suivre cet enfant. La thèse de l'État enseignant est déjà fausse en général. Mais si c'est une calamité qu'il faut subir, si on est obligé de tolérer que l'État donne l'enseignement dans certains cas, il faut bien établir qu'il ne peut enseigner en tout état de cause que s'il est le représentant, le mandataire exprès et désigné du père de famille. Il peut enseigner à la place du père de famille, il ne saurait jamais enseigner contre lui. (Applaudissements.)

Cela est tellement vrai que la plus grande puissance morale du monde, l'Église elle-même, déclare qu'elle ne saurait baptiser un enfant et en faire un chrétien si les parents s'y opposent ; dans ce cas, elle ne peut le faire que le jour où l'enfant a atteint l'âge de pleine raison. Si l'Église, au nom de Dieu qu'elle représente, pose un pareil principe, où l'État ira-t-il chercher le droit de prendre l'enfant ?

Si on admet que l'État ne saurait avoir de morale, quelle conscience fera-t-il à l'enfant ? Je sais qu'il y a la morale laïque. La morale laïque ressemble à cet oiseau légendaire qu'on appelait le chastre. Tout le monde le connaissait, tout le monde le chassait, mais personne ne l'avait jamais vu. (On rit.) La morale laïque, si vous la prenez dans les manuels laïques qui ne sont pas encore trop déformés, représente une toute petite morale religieuse. Évidemment, elle évite de prononcer le nom de Dieu, elle le supprime, mais elle a conservé à peu près tous les principes de la morale catholique. En ce qui concerne la religion, elle prétend être neutre. Elle dit que dans ce pays de France il existe un certain nombre de religions et, dans son énumération, figure en premier lieu le boudhisme — vous seriez-vous douté que le boudhisme eût en France cette importance ! — et en dernier lieu le catholicisme qui est cependant, nominalement sinon en fait, la religion de la presque totalité des Français.

Mais même en donnant à la religion boudhiste une place prépondérante, la morale basée sur le boudhisme demeure une morale religieuse. On parle d'une morale sociale. On affirme que l'individu appartient à une société qui a institué des lois morales et que, pour cette raison, il doit les subir. Mais avez-vous demandé à l'enfant s'il a accepté de faire partie de cette société ? A-t-il été partie au contrat ? A-t-il signé l'acte d'association ? Et lorsqu'on lui dit que la morale consiste à se procurer dans cette vie le plus de jouissances possibles, qu'il n'y a ni récompense ni châtiment dans l'au-delà, cet enfant n'a-t-il pas le droit de répondre qu'il a sa conscience à lui, qu'il a le droit d'être anarchiste, de jeter des bombes si c'est son bon plaisir et s'il y trouve sa jouissance ? (*Applaudissements.*)

Voilà cependant l'enseignement de demain ; c'est l'enseignement de M. Doumergue. Et voilà pourquoi on fait une loi pour vous empêcher de savoir ce que contiennent les manuels donnés à vos enfants. Notre président général, avec sa parole autorisée, vous a dit le sort qui est réservé au père de famille qui essaiera de lutter.

Ce sont, dit-on, les évêques qui ont commencé la lutte. Il en est toujours ainsi ; c'est le lapin qui a commencé. Ainsi on dira sous peu que les évêques sont d'abord partis en guerre et ce n'est que devant leurs déclarations qu'on a fait les manuels qu'ils ont condamnés !

Nous ne pouvons pas, dit-on, accepter l'intolérance de Rome et son immixtion dans nos affaires publiques. Mais que vient faire Rome dans la circonstance ? Et quel a été, après tout, le rôle des évêques ? Les évêques se sont adressés aux pères de familles catholiques, à ceux qui ne savent pas ou qui n'ont pas le temps de lire et qui ont confiance en leur pasteur et ils leur ont dit : « Nous avons, à *votre place*, examiné les manuels en question, et nous vous prévenons qu'ils constituent un danger pour la foi. » Ils n'ont pas dit autre chose. Et ils ont laissé aux pères de famille, à vous, Messieurs, le soin de lutter sur le vrai terrain.

La lutte a été entamée par les évêques ? Allons donc ! Ils ont fait l'office de médecins et ils se sont bornés là. Quant à la lutte sur le terrain pratique, c'est vous qui en prenez la charge et je suis persuadé que vous en auriez voulu à vos évêques s'ils ne vous avaient pas laissé cette charge et cet honneur. (*Applaudissements.*)

La question scolaire est aussi vieille que le monde. C'est l'esprit du bien et du mal en lutte. Nous avons à lutter contre le vieux sophisme de toutes les révolutions. Nous avons à lutter pour la liberté de l'enseignement et pour la liberté de conscience qui y est contenue.

Peut-être objectera-t-on qu'il y a là pour nos adversaires un merveilleux tremplin électoral et qu'en luttant sur ce terrain il est à craindre que nous ne les amenions à nous imposer le monopole de l'enseignement. Je vous répondrai qu'après tout ce monopole n'aurait sans doute pas les conséquences prévues par les Loges. Rappelez-vous que c'est du monopole qu'est sortie la loi Falloux et qu'en dépit de toutes les exactions et de toutes les brimades, la liberté n'est pas un vain mot en France. Je suis convaincu que lorsqu'on aura institué en France le monopole de l'enseignement, quand on aura obligé tous les petits Français à subir la doctrine de l'État, ce jour-là, la doctrine de l'État aura vécu.

D'ailleurs, certains indices montrent que l'on commence à s'effrayer un peu dans le pays de la tyrannie des instituteurs. J'habite un département très républicain, très radical ; il l'était, sous l'Empire ; il l'est encore. Nous possédions toutes les illustrations radicales, notamment ce vieux pontife, le prétendu vénéré sénateur Maguin. Eh bien, dans ce département qui ne passe pas pour catholique, encore moins pour clérical, on commence à dire dans nombre de communes que je connais : « Nous avons subi le curé jadis, mais ce n'était rien à côté de l'instituteur! »

Je connais une commune anticléricale où le maire, depuis quatre élections partielles successives, est élu contre l'instituteur que l'inspecteur d'Académie refuse de déplacer. Je connais une autre commune où, à la place du maire radical, on a élu un maire libéral uniquement pour ne pas avoir l'instituteur comme secrétaire de la mairie.

Voilà où en est la lutte. Elle est conseillée, acceptée par le chef du Gouvernement. Bien menée, elle ne peut se terminer pour vous que par un triomphe.

On vous dira que c'est un mauvais tremplin électoral. Je l'accorde. Dans la prochaine campagne électorale, vous ne devrez pas vous borner là : vous ne manquerez pas de faire valoir tous les arguments si clairement exposés tout à l'heure par M. Néron. Mais, quant à moi, je ne crains pas la question scolaire et si je suis candidat aux prochaines élections, je ne fuirai pas le débat. Dans mes réunions, je consacrerai à cette question un quart d'heure et trois quarts d'heure pour le reste ; et nous verrons bien !

La question scolaire est une question de doctrine et de foi. Jamais on n'a détruit la religion par des mesures sectaires. Les martyrs ont toujours été des semences de vérité et finalement ils ont assuré le succès de la foi.

Vous n'avez rien à craindre. Je vous demande seulement de l'énergie, de la cohésion, de l'unité ; je vous demande de ne pas craindre de prendre la responsabilité de vos actes de citoyens. Combien cependant craignent de prendre cette responsabilité ! Combien n'hésiteraient pas à donner cent sous pour soutenir une cause, pour aider à payer une amende, mais qui trembleraient comme des feuilles s'il fallait qu'ils se présentent devant un tribunal !

Il faut leur apprendre qu'un tribunal n'est pas aussi redoutable qu'ils le supposent. Les magistrats sont des gens comme les autres, quelquefois un peu plus mauvais, mais on peut encore se fier aux tribunaux plus qu'on ne l'imagine. Quand un magistrat aux prises avec sa conscience est en mal d'avancement, il peut bien une fois par hasard commettre une vilenie. Mais si tous les jours on lui amène des pères de famille à qui on reproche seulement d'avoir défendu l'âme de leurs enfants, je ne lui donne pas trois mois pour donner sa démission ou pour acquitter les pères de famille. (*Applaudissements.*)

Je termine par ces mots : de la cohésion, de l'énergie, de l'unité, de la confiance en Dieu, et la victoire est au bout ! (*Applaudissements vifs et répétés.*)

Le discours de M. Hébert obtient un vif succès.

M. Salvetti, délégué du Comité Directeur, a terminé la réunion en développant éloquemment les vices essentiels du scrutin d'arrondissement et les avantages certains de la Représentation proportionnelle, qui apportera plus de justice, plus de sincérité et plus de bon sens dans les luttes électorales.

DISCOURS DE M. ANTOINE SALVETTI

Délégué du Comité Directeur de l'A. L. P.

MESDAMES,

MESSIEURS,

Je viens vous entretenir d'un sujet battu et rebattu qui s'appelle la Représentation Proportionnelle. C'est vous dire que je serai ennuyeux profondément, mais je préviens celles ou ceux d'entre vous qui, sur une annonce aussi engageante, seraient tentés de prendre la fuite (*Rires*), que je serai ennuyeux avec brièveté, et j'ose alors espérer qu'ils ne céderont pas à leur premier mouvement et voudront bien m'accorder quelques minutes de leur bienveillante attention.

La question que j'ai choisie — et c'est mon excuse — est capitale entre toutes car elle sera une des principales plates-formes des élections prochaines et la grande réalisation de la législature de demain.

Ce n'est pas, en effet, parce que la Chambre a repoussé à 10 heures du soir le scrutin de liste et la Représentation Proportionnelle qu'elle avait adopté à 9 heures que le scrutin d'arrondissement survivra à la législature actuelle. Les palinodies de cinquante députés se déjugeant à une heure d'intervalle sur l'injonction du Gouvernement est un argument de plus contre le scrutin dont ils sont issus, et les griefs que ce scrutin a accumulés contre lui sont de ceux qu'une nation avertie ne pardonne pas.

Ces griefs sont de deux sortes. D'une part, on reproche avec raison au scrutin d'arrondissement de favoriser toutes les pressions et toutes les corruptions, d'élaborer sans cesse des toxines qui empoisonnent l'organisme national et, d'autre part, on dit avec non moins de raison qu'il est incapable de traduire fidèlement la volonté du pays et de lui fournir une Chambre qui soit à son image.

De fait, messieurs, avec un pareil système électoral, le Gouvernement peut toujours s'arranger pour avoir avec lui la majorité des députés, alors même qu'il n'aurait pour lui que la minorité des électeurs.

Cela tient d'abord à l'inégalité des circonscriptions. Vous savez que telle circonscription du Nord, celle de Roub..., par exemple, compte à elle seule plus d'électeurs que sept circonscriptions ré...es du Midi.

Vous savez également que tel dép...é comme M. de Dion, compte à lui seul plus de voix que sept députés réunis, si bien qu'il doit arriver fatalement que, dans certains scrutins législatifs, trois cents députés qui votent une loi représentent moins d'électeurs que deux cent cinquante députés qui la repoussent. (*Applaudissements.*)

Cela s'est déjà vu. Vous n'avez pas oublié que lorsque les congrégations de femmes formulèrent leurs demandes d'autorisation, ces demandes furent repoussées à seize voix de majorité. Or, on a calculé avec beaucoup de précision que l'ensemble des députés appartenant à la majorité représentait moins d'électeurs que l'ensemble des députés appartenant à la minorité.

Dans ces conditions la loi des majorités qui est le principe des démocraties se trouve faussée et violée, et il apparaît que le régime démocratique dont nos adversaires osent encore se réclamer n'est plus qu'une mystification et une imposture. (*Applaudissements.*)

Eh ! bien, messieurs, de même que nous nous sommes faits les défenseurs des libertés publiques et du progrès social contre ceux qui avaient déserté la cause de la liberté et trahi la cause des réformes, de même nous devons nous faire les champions de l'égalité politique, c'est-à-dire les champions du suffrage universel contre les faux démocrates qui ne cherchent qu'à le duper et à l'asservir.

Et je dis que le jour où, par la réforme électorale et par une série de réformes appropriées, nous aurons organisé le suffrage universel de telle façon qu'il pourra exprimer clairement et librement sa volonté, je dis que ce jour-là, nous n'aurons plus rien à craindre de ses verdicts, car qu'est-ce après tout que le suffrage universel, sinon le peuple de France lui-même, et il nous suffira de faire appel à sa raison et à sa droiture et de remuer les ferments généreux que quinze siècles de christianisme ont déposés dans son âme, pour susciter en lui des réveils salutaires et des sursauts libérateurs. (*Applaudissements.*)

Le scrutin de liste et la Représentation Proportionnelle réalisent la première étape de cette organisation.

Avec la R. P., on n'assistera plus à ce scandale d'une Chambre qui ne représente même pas la moitié des électeurs ; la Chambre représentera l'unanimité — ou presque — des électeurs français.

Avec la R. P., nous n'assisterons plus à ce scandale de régions tout entières où l'opposition nationale ne compte plus ni un député ni un sénateur : toutes les régions, tous les départements seront représentés à la Chambre et nos contingents parlementaires se trouveront sensiblement accrus.

Avec la R. P., nous ne verrons pas des milliers et des milliers de communes où cette même opposition soit dépourvue de toute représentation municipale ; il y aura des conseillers municipaux libéraux dans les plus mauvaises communes de France et vous devinez la force qu'en tirera notre Association.

Voilà, il me semble, quelques avantages tangibles de la réforme et qui suffiraient à justifier le zèle qu'elle nous inspire.

Mais il en est d'autres.

Vous avez tous constaté que les luttes entre les partis se font de plus en plus vives, de plus en plus violentes, au point de créer dans certaines régions un état permanent de guerre civile. Ce ne sont pas certes nos délégués de province qui me démentiront.

N'est-il pas vrai que, dans beaucoup de communes rurales, les libéraux, les indépendants, les honnêtes gens, sont en butte à toutes sortes de brimades de la part des Municipalités, de l'Administration, des *Loges* maçonniques, d'une foule d'agents et de sous-agents des *Loges*, dont on peut dire, sans offenser la vérité, qu'à côté de ces gens-là, les Caraïbes sont des spécimens de haute civilisation ! (*Rires et applaudissements.*)

Pourquoi en est-il ainsi ? Parce qu'il faut conquérir ou conserver la majorité, si l'on veut être représenté, parce qu'il faut écraser l'adversaire — sous peine d'être écrasé par lui.

Le jour où la R. P. aura remplacé le scrutin unitaire et majoritaire d'aujourd'hui, il ne sera plus nécessaire d'avoir la majorité, ni d'écraser son adversaire, pour être représenté. Chaque parti ayant le sentiment que, quoi qu'il fasse, il n'empêchera pas le parti adverse d'avoir sa part de représentation, apportera dans les luttes politiques et électorales, plus de courtoisie et de modération.

En outre, le propre de la R. P., c'est de dépersonnaliser les élections en substituant les luttes d'idées aux luttes de personnes, et, par conséquent, d'améliorer les mœurs publiques et de pacifier les esprits en éliminant de ces luttes beaucoup de venin.

J'ajoute que la pression administrative se fera beaucoup moins sentir. Pourquoi se déchaine-t-elle aujourd'hui avec tant de violence contre les candidats de l'opposition. Pourquoi ? Parce que, dans une foule de circonscriptions, les deux partis en présence sont à peu près de même force, parce que la différence entre eux n'est que de trois cents voix, deux cents voix, cent voix, et que l'Administration se rend compte, qu'en pesant de tout son poids sur certains électeurs pusillanimes, elle déplacera les quelques voix nécessaires à assurer la majorité à son candidat.

Avec la R. P. ce n'est pas cent voix qu'il s'agira de déplacer, c'est cinq mille, dix mille voix, et il faudra les déplacer non pas pour écraser son adversaire, non pas pour l'éliminer de toute représentation — ce ne sera plus possible — il faudra les déplacer pour changer tout au plus l'attribution d'un mandat dans un département.

La pression administrative étant aussi peu efficace, elle sera moins active et alors, messieurs, nous aurons peut-être d'agréables surprises et, dans tels départements, où nous étions minorité la veille, nous nous réveillerons majorité le lendemain.

Vous dirai-je qu'au lendemain de la Proportionnelle — au lieu de tous ces groupes et sous-groupes qui troublent et anarchisent l'opinion, et rendent impossible tout fonctionnement régulier du régime représentatif, — il se formera deux grands partis se faisant contrepoids et se succédant alternativement au pouvoir !

Messieurs, vous avez tous lu le magnifique discours que notre chef a prononcé à la Chambre et dans lequel il a exposé cette thèse avec une telle éloquence et une telle force que je craindrais d'en affaiblir la portée en la reprenant après lui.

Je ne veux pas davantage rechercher par quels moyens nous pourrons conquérir les cinquante voix qui nous manquent pour obtenir le vote définitif de la Réforme. Il ne m'appartient pas de préjuger des résolutions que vous prendrez après-demain, après en avoir longuement délibéré.

Mais je suis certain que nos résolutions seront assez sages et assez pratiques pour assurer le succès de la réforme ; je sois certain que vous aurez à cœur de le faire triompher, parce qu'elle est particulièrement vôtre, parce que, plus que tout autre parti, vous aurez le droit d'en revendiquer l'honneur.

En effet, il ne faut pas oublier que c'est un membre du Comité Directeur, un membre du groupe parlementaire de l'A. L. P., M. Jules Dansette, député du Nord, qui a été dans ce pays le premier pionnier de la Représentation proportionnelle.

Et vous mêmes, messieurs, avec une clairvoyance qui vous honore, vous avez voulu que cette question fût inscrite à l'ordre du jour de votre premier Congrès et, après l'avoir étudiée, après l'avoir adoptée à l'unanimité, vous n'avez pas cessé d'en faire l'objet de votre propagande.

Il n'est que juste d'ajouter que c'est un article de notre *Bulletin* paru sous la signature de notre ami Lara qui a déterminé cet admirable mouvement de nos Comités aux dernières élections municipales.

Certes, je n'oublie pas l'effort de la Commission de la Chambre, je n'oublie pas non plus la campagne menée dans le pays par l'équipe parlementaire dont M. Charles Benoist est le maitre et le citoyen Varenne le contre-maitre. Non, je n'oublie rien de tout cela. Mais je dis que si MM. les parlementaires ont fait de bonne propagande théorique, vous, messieurs les membres des Comités de province, vous avez fait mieux encore, vous avez fait œuvre pratique et expérimentale.

Malgré les raisonnements et les démonstrations des théoriciens, il pouvait rester quelques doutes dans les esprits quant aux possibilités d'application de la réforme dans notre pays. Ces doutes, vous les avez dissipés : de même que le philosophe antique prouvait le mouvement en marchant, vous avez prouvé, vous, que la Représentation Proportionnelle était réalisable en la réalisant. (*Applaudissements.*)

Aux dernières élections municipales, sacrifiant de légitimes ressentiments, vous êtes allés à nos adversaires et vous leur avez dit : « Voulez-vous qu'au lieu de nous battre comme par le passé, qu'au lieu de perpétuer des divisions intestines, voulez-vous que, dans l'intérêt de la paix publique et pour la bonne administration de la cité, nous nous entendions pour établir en commun une liste de Représentation Proportionnelle ! »

Et c'est ainsi qu'à Reims, à Saint-Brieuc, à Dijon, etc..., en dépit de l'hostilité du parti radical, vous avez fait pénétrer dans les assemblées communales des hommes probes, éclairés, intelligents, éloquents, comme celui qui m'a précédé à cette tribune. C'est ainsi que vous avez assuré à tous les déshérités une application équitable des lois de solidarité sociale, telles que la loi sur l'assistance médicale gratuite ou l'assistance à la vieillesse, alors que dans les communes où nous ne sommes pas représentés, les catholiques et les libéraux sont systématiquement exclus du bénéfice de ces lois.

'Quel contraste, messieurs, entre votre attitude et celle de la Franc-Maçonnerie !

Ayant inscrit la R. P. dans vos programmes, vous n'avez rien négligé pour la faire aboutir.

La Franc-Maçonnerie, elle aussi, l'avait inscrite dans ses programmes et elle l'y a maintenue tant qu'elle a cru que la R. P. ne serait jamais votée, mais qu'elle lui rapporterait des voix : elle l'en a biffée du jour où elle s'est aperçue que la R. P. avait des chances d'être votée et qu'elle lui enlèverait des sièges.

Le pays jugera de quel côté est la loyauté, et de quel côté est la fourberie. (*Applaudissements.*)

Enfin — et ce sera ma conclusion — vous avez obtenu un autre résultat : vous avez fait tomber bien des préjugés et désarmé bien des préventions.

On vous disait incapables d'un geste large, d'une initiative hardie, on vous disait murés dans je ne sais quel conservatisme étroit et borné, et vous avez prouvé que les innovations ne vous font pas peur, du moment qu'elles sont fondées sur le droit et sur la justice. Vous avez montré que vous avez l'âme ouverte à tous les souffles généreux qui viennent du large et que, loin de vous traîner à la remorque des mouvements populaires, vous savez, quand il le faut, les susciter et les conduire. (*Vifs applaudissements.*)

M. JACQUES PIOU

MESSIEURS,

Des orateurs que vous venez d'entendre et d'acclamer, l'un est déjà à la Chambre et est l'honneur de notre parti, les deux autres y viendront bientôt, je l'espère, si le Suffrage universel a quelque clairvoyance. (*Applaudissements.*)

Je vous rappelle, Messieurs, qu'à la réunion de demain matin, à neuf heures, nous examinerons le Statut des Fonctionnaires.

La séance est levée.

PREMIÈRE JOURNÉE

Vendredi 3 Décembre 1909

SÉANCE DU MATIN

LE STATUT DES FONCTIONNAIRES

Présidence de M. GROUSSAU, député du Nord.

Ont pris place au bureau : MM. Jacques Piou, Ollivier, Guyot de Villeneuve, Anthime-Ménard, députés ; Ducurtyl, Jean Maître, Deffès, Glotin, de Beaumont, Flornoy, membres du Comité directeur.

M. Groussau, après quelques mots de bienvenue aux Congressistes, montre l'importance et la gravité de la question des fonctionnaires, qui est d'ailleurs liée d'une façon très étroite à celle de la décentralisation administrative. Si l'*Action Libérale Populaire* combat les excès de la centralisation à outrance qui nous régit actuellement, elle est bien loin d'être hostile aux fonctionnaires. Elle estime même au contraire que beaucoup de serviteurs de l'État n'ont pas la situation à laquelle ils auraient droit, et elle réclame une amélioration de leur sort. Elle combat le favoritisme, foyer d'injustice et de corruption, elle veut des garanties contre l'arbitraire et contre l'oppression des consciences.

M. Maurice Papillon, secrétaire général de l'A. L. P., donne lecture de son rapport sur les réponses de nos comités aux questionnaires qui leur ont été adressés sur le statut des fonctionnaires.

Voici ce rapport :

MESSIEURS,

La France est certainement un des pays du monde qui a le plus de fonctionnaires ; chaque année, leur nombre augmente dans de telles proportions que ceux de nos compatriotes qui émargent au budget de l'État, des départements et des communes sont, à l'heure actuelle, plus d'un million, soit un fonctionnaire pour quarante habitants.

Nous n'avons pas à rechercher ici si les rouages gouvernementaux marcheraient aussi bien s'ils étaient moins nombreux et moins compliqués, mais, chose singulière, aucune loi spéciale ne règle encore la situation de ce million de fonctionnaires et il a fallu la récente grève des postes et télégraphes, qui a si fort ému l'opinion publique au printemps dernier, pour que le Ministère Clemenceau se décidât à déposer un projet sur la question. Ce projet qui devait venir en discussion avant les vacances parlementaires, a cédé le pas au Budget et, il est probable qu'il ne sera pas en tête de l'ordre du jour avant les élections.

Ce sont les grandes lignes de ce projet qui sont soumises à vos délibérations et nous allons, le plus brièvement possible, les examiner en suivant l'ordre du questionnaire que nous vous avons envoyé.

**

Tout d'abord, il s'agit de savoir ce qu'est un fonctionnaire !

Le projet de loi s'exprime ainsi sur ce sujet :

« Sont considérés comme fonctionnaires pour l'application de la présente
« loi, tous ceux qui, en qualité de délégués de l'autorité publique, d'employés,
« d'agents ou sous-agents, occupant, dans un service public de l'État, un emploi
« permanent, rémunéré par un traitement mensuel ou par l'allocation de remises
« et ouvrant droit au bénéfice éventuel d'une pension de retraites. »

Notre Comité de Passy-Auteuil donne la définition suivante :

« Les fonctionnaires sont ceux qui, à l'exception des militaires et assimilés
« coopèrent, soit par une collaboration administrative soit par un travail manuel
« au fonctionnement d'un service public en vertu d'un contrat de travail perma-
« nent intervenu entre eux et l'État. »

Cette formule générale qui comprend aussi bien les ouvriers de l'État que les employés des administrations publiques, nous paraît excellente. Elle est beaucoup plus large que celle du Ministre, et nos amis estiment que les travailleurs qui sont payés à la semaine ou à la journée ont droit aux mêmes garanties que les autres. *L'Action Libérale Populaire*, toujours fidèle à sa devise : « Amélioration du sort des travailleurs » s'associe de tout cœur à ce vœu du Comité du XVIe arrondissement.

**

Tous nos correspondants sont unanimes à reconnaître la nécessité de réglementer, par voie législative, le recrutement, l'avancement, et la discipline des fonctionnaires.

« Cette loi s'impose, dit notre Comité de Neuville-sur-Moselle. Pour le public, elle sera une garantie contre l'incapacité ou l'arbitraire du Gouvernement, pour l'État, le moyen d'assurer le meilleur fonctionnement de tous les rouages et de couper court aux démarches et aux faveurs. »

Et le Comité de Passy ajoute : « Si le droit des employés, l'intérêt de l'admi-
« nistration, ne suffisaient pas à démontrer la nécessité de ce statut, l'urgente
« nécessité en serait démontrée par le spectacle des vices qui infectent l'organisme
« administratif : Recrutement et avancement altérés par les interventions élec-
« torales, inutilité de nombreux emplois, nominations scandaleuses, oppression des
« consciences, discipline altérée, énorme déperdition d'effet utile. »

Il est à craindre que la réglementation légale ne supprime pas tous ces abus, mais elle les peut atténuer dans la plus large mesure.

**

C'est au concours, répondent presque tous nos Comités, que doivent être recrutés les fonctionnaires.

« C'est sans doute un mode de recrutement assez « imparfait », nous écrit l'un d'eux « car la science dont il est fait parade au concours ne correspond pas « forcément à l'aptitude professionnelle, mais c'est la voie d'accès la moins ou- « verte aux caprices du favoritisme et son principe doit être admis ».

« Le jury du concours devra être composé », disent nos amis d'Amiens, « de « membres indépendants et impartiaux. Toutefois, ajoutent-ils, « pour certaines « carrières, comme la magistrature, les garanties de moralité sont au moins aussi « importantes et peuvent ne pas être remplies par des candidats très brillants dans « un concours. »

« Il ne faut pas non plus fermer la porte pour son recrutement aux hommes « formés par l'expérience des affaires et souvent plus propres à faire de bons juges « que les jeunes gens munis de nombreux diplômes.

« Il est également assez difficile de recruter au concours les fonctions « administratives et politiques. »

Il est également de toute justice ainsi que le demandent nos Comités de Villefranche-de-Rouergue, et de Neuviller, de réserver aux anciens sous-officiers et soldats une partie des emplois. C'est, d'ailleurs, ce qui a lieu à l'heure actuelle et l'art. 27 du projet ministériel prévoit qu'il ne sera pas dérogé à la législation sur les emplois réservés aux militaires.

Ce même projet (art. 3), décide que l'admission à un emploi de début peut n'être prononcée qu'après un stage probatoire suivi, s'il y a lieu, d'un examen pratique.

Nos correspondants admettent en général ce stage, seul notre Comité de Passy est d'avis de l'écarter « bien qu'il paraisse justifié en principe ». Il serait à « craindre que le second concours n'ait pas la garantie d'impartialité du premier ». J'avoue ne pas accepter cette opinion, je ne vois pas pourquoi le jury d'admission définitif serait moins juste que le premier et ce n'est vraiment qu'à l'user que l'on peut juger des aptitudes professionnelles d'un candidat.

*
* *

Le Ministre aura-t-il le droit d'écarter du concours les candidats remplissant les conditions de nationalité, d'âge, et munis des diplômes exigés ? Telle est la troisième question que nous vous avons posée.

Elle nous a paru très importante, car vous avez conservé le souvenir que plusieurs fois des candidats ont été exclus des concours publics sans raison plausible. Rappelons notamment qu'il y a quelques années, le Ministre de l'Instruction publique a empêché de concourir pour l'agrégation quelques jeunes prêtres sans leur donner aucun motif.

La plupart de nos Comités sont d'avis que le Gouvernement doit admettre au concours tous les jeunes gens remplissant les conditions générales.

Nous ne saurions partager complètement cette opinion et nous croyons devoir admettre avec nos amis de Draguignan, Amiens, Dijon, Clermont, Ollioules et Neuviller que le Ministre peut exclure les candidats notoirement immoraux, mais aucune décision de ce genre ne doit être prise sans que les motifs en soient signifiés à ceux qui en sont victimes. Le § 2 de l'art. 2 du projet Briand nous donne, d'ailleurs, satisfaction à ce sujet.

Mais nous ne saurions aller aussi loin que notre Comité d'Amiens, qui estime que des raisons politiques peuvent suffire pour éliminer un candidat, « un gouvernement », dit-il, « n'est jamais obligé d'employer ses adversaires publiquement « déclarés ».

Ce serait, à notre avis, ouvrir la porte à l'arbitraire et à des abus sans nombre.

Par contre, nous pensons qu'il est juste d'ouvrir un recours contre la décision ministérielle et que le Conseil d'Etat pourrait être compétent pour décider si les motifs invoqués paraissent suffisants pour maintenir l'exclusion.

**

Après avoir réglé le recrutement des fonctionnaires, le projet de loi s'occupe dans les art. 6 à 10 de leur avancement. Il prévoit que la moitié au moins des emplois de grades ou de classes supérieures seront donnés à l'ancienneté ; l'autre moitié serait réservée au choix, suivant un tableau arrêté par le ministre ou son délégué après *avis* d'une Commission composée pour partie de fonctionnaires *nommés*, pour partie de délégués *élus* par le personnel. L'art. 10 semble exclure toutes les recommandations puisqu'il y est dit :

« Les dossiers communiqués par la Commission chargée de préparer le « tableau d'avancement ne contiendront que des pièces administratives. »

Tous nos Comités sont unanimes à penser que, contrairement au projet de loi gouvernemental, le Ministre devra, pour l'avancement au choix, être *lié* par le tableau dressé par la Commission et qu'il ne pourra pas inscrire, de sa propre autorité, des fonctionnaires écartés par leurs pairs.

En ce qui concerne la composition de cette Commission de classement, nos amis sont d'accord pour demander qu'elle soit composée en majorité, si ce n'est en totalité, de représentants élus par leurs collègues. Sans doute le Ministre pourra y être représenté pour donner communication des notes des candidats ou présenter des observations, mais la décision ne pourra pas lui appartenir.

Notre Section du 7ᵉ arrondissement de Paris craint que la discipline souffre de cette élection, c'est, en effet, un danger ; mais laisser la décision aux personnes choisies par le Ministre serait laisser la porte ouverte au favoritisme et à l'arbitraire.

Il est bien entendu, d'ailleurs, que pour sauvegarder les règles de la hiérarchie, feront seuls partie de la Commission des membres d'un grade supérieur à ceux qu'il s'agit de classer.

Le Comité de Neuviller préconise un système différent et qui a une grande analogie avec celui actuellement proposé pour les officiers. Ce serait l'avancement à l'ancienneté pour tous, mais avec des majorations données pour services exceptionnels ou fonctions remplies d'une façon remarquable. Cette méthode, qui peut se comprendre dans l'armée, la marine et quelques corps techniques où les actions sortant de l'ordinaire se peuvent facilement constater, nous paraît inacceptable dans la plupart des cas.

Pour terminer sur cette question, nous sommes absolument d'accord avec le gouvernement et lui laissons le choix absolu de certains fonctionnaires supérieurs de l'ordre administratif ou diplomatique dont seul, il est à même d'apprécier le mérite ou la manière de servir.

**

Les chapitres suivants du projet traitent de la discipline. Ils nous paraissent bien compris. Leurs dispositions sauvegardent la discipline et garantissent les droits des fonctionnaires et ne donnent lieu à aucune remarque spéciale.

Le titre deuxième du projet Briand autorise les associations et les unions d'associations de fonctionnaires de même ordre, en vue de l'étude et de la sauvegarde de leurs intérêts professionnels, sous certaines conditions, et il donne à ces associations le droit de posséder plus large que celui des associations déclarées de la loi de 1901 puisqu'elles pourront recevoir par donation ou par legs.

Beaucoup de nos correspondants n'admettent pas ce genre de syndicats et plusieurs d'entre eux nous en donnent des raisons qui ne manquent pas de fondement :

« Ces associations, dit notre groupe de Neuviller, iraient à l'encontre de la
» hiérarchie et détruiraient la discipline. »

« Ce serait », nous écrit-on de Saint-Quentin-le-Baron (Gironde), « constituer un Etat dans l'Etat. »

« Il est à craindre, d'après nos amis de Villefranche-de-Rouergue, que sous
» notre régime, les associations essayent de jouer un rôle politique afin d'obtenir
» le succès de leurs revendications. »

Néanmoins, nous sommes d'avis, avec la plupart de nos adhérents, que les
agents de l'Etat ont, comme les autres citoyens, le droit de s'unir pour la défense
de leurs intérêts professionnels.

« L'exercice de cette liberté », au dire de notre correspondant de Passy,
» ne doit être subordonné qu'à la seule condition que les délibérations de ces asso-
» ciations se maintiendront strictement sur le terrain des intérêts et ne porteront
» aucune atteinte aux intérêts publics. »

Notre Comité d'Albert (Somme) ajoute avec grande raison :

« Il faut bannir rigoureusement de ces associations la politique. Seule-
» ment, il faudrait commencer par ne pas contraindre les fonctionnaires à s'en
» mêler. »

*
* *

La sixième question que nous avons proposée est ainsi conçue :

Pensez-vous que les fonctionnaires peuvent déclarer la grève pour faire
aboutir leurs revendications professionnelles ?

Vous vous souvenez, ainsi que je vous le disais au commencement de ce
rapport, que c'est à la suite de la grève des postes et télégraphes que le projet de
loi du Gouvernement de M. Clemenceau avait été déposé et s'il accorde aux fonctionnaires un statut, c'est pour en arriver à l'art. 33 ainsi conçu :

« Il est interdit aux associations et aux unions de provoquer les fonction-
» naires visés par la présente loi à la cessation simultanée de leurs services. »

Et l'art. 35 établit des pénalités qui peuvent aller contre les contrevenants
jusqu'à un an de prison.

La plupart des réponses qui nous sont parvenues refusent le droit de grève
à tous les agents de l'Etat quels qu'ils soient.

« Ce serait un crime de lèse-nation, disent nos amis d'Albert (Somme). »

« L'intérêt général doit passer avant les intérêts particuliers, ajoutent
ceux de Dinan. »

Par contre, plusieurs de nos Comités l'admettent sans restriction.

L'un d'eux, que vous me permettrez de ne pas nommer, en donne une raison
inspirée de la devise machiavélique : « la fin justifie les moyens ».

« Oui, sans doute, la grève de fonctionnaires doit être permise, si cela doit
faire casser le cou au régime actuel. »

Un autre dit, avec quelque logique : « L'Etat permettant et protégeant la
grève chez les particuliers, il est juste qu'il la subisse. »

Quelques-uns admettent qu'il y a lieu de distinguer plusieurs catégories de
fonctionnaires : les agents de gestion et les agents d'autorité, accordant le droit de
grève aux premiers, le refusant aux seconds.

« L'Etat patron ne doit pas avoir d'autre droit et doit avoir les mêmes
» obligations que tous les autres patrons, écrivent nos amis de Voiron. »

La réponse de notre distingué correspondant de Passy-Auteuil nous paraît
donner la vraie solution de cette question de la grève. Permettez-moi de vous la
citer en partie :

« Le droit de grève devra être refusé aux agents de tout ordre des services
» publics constituant des fonctions d'Etat dont l'accomplissement est une sauve-
» garde de la sécurité nationale ; il devra être reconnu aux agents des services
» empiétés sur le domaine de l'industrie privée, l'Etat n'étant alors qu'un exploi-

3

» tant dont les ouvriers conservent tous les droits qui leur appartiendraient dans
» l'industrie dépossédée.

» Ce droit devrait être accordé aux ouvriers des manufactures de l'Etat
» et aux instituteurs (si l'on accorde que l'instruction n'est pas une fonction d'Etat).
» Il devrait être refusé au personnel des chemins de fer de l'Etat, en raison des
» nécessités éventuelles de défense nationale et même pour un motif identique au
» personnel des Postes, Télégraphes et Téléphones. »

**

Deux de nos Comités, ceux de Toulon et d'Ollioules, émettent le vœu que
si on refuse aux fonctionnaires de l'Etat le droit de grève, ils aient, par contre, le
droit de refuser des missions ne rentrant pas dans les fonctions qu'ils ont choisies.
Nos correspondants font, vous l'avez compris, allusion aux agents de l'enregis-
trement et de la perception de l'impôt que le gouvernement a chargé de faire les
inventaires des biens d'Eglise.

Il va sans dire que nous nous associons à ce vœu.

**

Nous avons, en vain, cherché dans le projet de loi un article garantissant la
liberté de conscience du fonctionnaire. Il nous a paru que cette omission était extrêmement grave et tous vous avez été de notre avis.

Quelques-unes de vos réponses, sans contester la nécessité de cette garantie,
nous font cette objection : « Mais à quoi bon ? La déclaration des droits de l'homme
et du citoyen dans son art. 10, ne proclame-t-elle pas que nul ne doit être inquiété
par ses opinions ! et cet article n'est-il pas violé chaque jour! »

Sans doute, et c'est pour cette raison que nous tenons à voir introduire dans
le projet de loi une disposition spéciale avec une sanction qui manque précisément
à la déclaration des droits de l'homme.

Quelle sera la juridiction qui devra connaître de la violation de ce nouvel
article ?

Plusieurs d'entre vous estiment que le Ministre devra être poursuivi devant
le Conseil d'Etat et que la victime du délit d'opinion qui triomphera devra être inscrite d'office au tableau d'avancement.

D'autres préfèrent la juridiction de droit commun.

L'une et l'autre opinions peuvent se défendre, nous n'avons pas à prendre
parti, l'essentiel, est que quel que soit le tribunal saisi, le fonctionnaire puisse
obtenir réparation du préjudice qui lui aura été causé.

Je termine, messieurs, ce rapport dont vous voudrez bien excuser l'aridité
et la longueur.

En résumé, il est à souhaiter que le projet de loi que nous venons d'examiner
ensemble soit voté : Ses dispositions sont pour la plupart équitables, et, pour l'améliorer, nous vous proposons de transmettre à notre groupe parlementaire le vœu
suivant.

VŒU

Le sixième Congrès de l'Action Libérale Populaire réunis à Paris le
3 décembre 1909.

Considérant :

Qu'une loi réglant le recrutement, l'avancement et la discipline des fonctionnaires de l'Etat, des départements et des communes, assurerait un meilleur fonctionnement des rouages administratifs et serait une garantie contre le favoritisme
et l'arbitraire trop souvent constatés :

Que le projet rapporté par la Commission d'Administration générale, le 23 mai 1909, peut être adopté dans ses grandes lignes ;

Mais qu'il importe pourtant de donner aux agents des services publics les garanties les plus sérieuses pour leur assurer la liberté de conscience.

Emet le vœu :

Que le projet de loi du 23 mai 1909 contresigné par MM. Clemenceau et Briand soit adopté sous les modifications suivantes :

1° En ce qui concerne le recrutement des fonctionnaires.

Les candidats ne pourront être écartés que pour cause d'indignité et la décision ministérielle sera toujours susceptible d'être attaquée devant le Conseil d'Etat.

2° En ce qui concerne l'avancement au choix :

Le tableau dressé par une Commission composée en majorité de fonctionnaires élus par leurs collègues devra être obligatoirement suivi par le Ministre, sauf en ce qui concerne les hauts postes administratifs ou diplomatiques.

3° En ce qui concerne la discipline :

Aucun fonctionnaire ne pourra être l'objet d'une peine disciplinaire pour avoir manifesté en dehors de son service des opinions politiques ou religieuses non conformes à celles du gouvernement.

A la suite de ce rapport, une intéressante discussion s'engage entre les congressistes.

M. Maitre, prenant texte des associations de fonctionnaires, estime que le droit de propriété accordé aux syndicats et qu'un de nos précédents Congrès a demandé, serait le plus sûr garant de la pacification sociale.

MM. Hardouin et de Carfort pensent que les fonctionnaires ne doivent en aucune façon avoir le droit de déclarer la grève, car ils ont des avantages spéciaux, notamment la retraite, qui leur crée une situation privilégiée.

Leurs observations sont appuyées par M. Passez, avocat au Conseil d'Etat.

Par contre, M. de Grandmaison, président du Comité du Havre, s'il est d'accord avec tous les délégués pour refuser la grève aux fonctionnaires, pense que les agents de gestion (ouvriers des manufactures), dont le travail ne touche en rien à la défense nationale, doivent pouvoir cesser le travail comme les ouvriers de l'industrie privée.

M. l'abbé Belorgey, dont les paroles ont été mal interprétées dans des articles de journaux, s'exprime ainsi :

J'approuve la distinction qui a été faite entre fonctionnaires, dépositaires d'autorité, et fonctionnaires de gestion. Aux premiers, il faut refuser le droit de grève, mais il y aurait lieu de le reconnaître aux seconds.

Mais voilà la difficulté : Où finissent les fonctions d'autorité ! Où commencent les fonctions de gestion ! Ce sera certainement une affaire bien délicate que d'arrêter les catégories et de faire le classement.

Je voudrais que le législateur incline à restreindre la première catégorie et à élargir la seconde autant que possible. Il est évident qu'il ne faudrait pourtant pas dépasser certaines limites. Autrement, la sécurité publique serait compromise. Pour procéder à ce classement, je m'en remets complètement aux hommes d'État, plus compétents que moi en pareille matière.

J'ai deux raisons pour souhaiter qu'on se montre favorable au droit de grève : la première, c'est que le droit de ne pas travailler est naturel. Or, un droit si essentiel ne doit pas être refusé, tant qu'une raison plus haute, une raison de salut public, ne commande pas la suspension de ce droit.

Secondement, il y a un réel danger à augmenter outre mesure l'omnipotence de l'État. Cette omnipotence nous mène tout droit au socialisme. De plus, quand l'État abuse de son autorité, quand il viole son propre contrat de louage pour opprimer les consciences, je ne sais, pour mon compte, jusqu'où je ne pousserais pas le droit de grève. Une des raisons, et peut-être la raison décisive de la première grève des postiers, fut l'odieuse tyrannie que l'administration faisait peser sur eux et dont une femme venait, plus spécialement, d'être victime. J'avoue que mes sympathies allaient aux postiers de la première grève.

Le colonel Fournier-Poncelet, président du Comité régional du Sud-Est, pense que l'on parle beaucoup des droits des fonctionnaires et pas assez de leurs devoirs.

M. Begouen-Demeaux, du Havre, revenant sur la question de la grève, fait observer le danger qu'il y a à trop étendre le droit de grève aux ouvriers de l'État patron.

M. Groussau résume en quelques mots le débat sur la question du statut des fonctionnaires et met aux voix le vœu terminant le rapport, qui est adopté.

LA REPRÉSENTATION PROFESSIONNELLE

Présidence de M. DE GAILHARD-BANCEL, député de l'Ardèche.

Au Bureau : MM. Jacques Piou, A. de Mun, P. Lerolle, Guichenné, Guyot de Villeneuve, députés ; de Benoist, Arnal, anciens députés ; Ducurtyl, colonel de Saint-Laurent, Glotin, H. de Grandmaison, colonel Fournier, Deffès, Flornoy, de Beaumont, Bouchacourt, du Parc, etc.

Dans une éloquente allocution, M. de Gailhard-Bancel montre les progrès constants de l'idée syndicale et professionnelle. La nécessité d'étendre le droit de propriété corporative est reconnue par tous, par le Président du Conseil lui-même. La Représentation proportionnelle nous conduira à la Représentation professionnelle.

Les Chambres actuelles, en effet, ne représentent que des opinions et des partis et sont impuissantes à réaliser de vraies et pratiques réformes professionnelles.

Par suite de son origine, la représentation parlementaire n'est aujourd'hui ni réelle, ni sincère, ni loyale. Ceux qui nous gouvernent ne songent qu'à satisfaire les appétits et les rancunes de leurs grands électeurs, après toutefois que la possession du pouvoir leur a permis de satisfaire les leurs.

Nous allons donc étudier le moyen d'arriver à une représentation sincère du pays. Nous n'avons pas la prétention de résoudre le problème, mais nous poserons des jalons, nous ouvrirons la voie à ceux qui viendront après nous et, quoi qu'il arrive, nous aurons accompli une bonne action, nous aurons rempli notre devoir de bons chrétiens et de bons Français. (*Vifs applaudissements.*)

RAPPORT

M. L. Laya, secrétaire général de l'A. L. P., résume ensuite les réponses au questionnaire et donne lecture du rapport suivant :

L'impuissance sociale et le discrédit grandissant des politiciens coïncidant avec la résurrection générale de l'idée de « profession » et les revendications syndicalistes, placent la Représentation professionnelle au premier plan des réformes de demain.

Cette conception que formulait, dès 1857, avec une clairvoyance et une précision admirables, le maître de l'École catholique sociale, M. le marquis de la Tour du Pin (dont je m'honore d'avoir été le très modeste disciple) et qui semblait alors un beau rêve, devient, comme tant d'autres réformes de la même école, ce que M. Millerand a nommé « une idée d'avenir », d'un avenir peut-être plus prochain qu'il ne croit, par la force même des circonstances.

NÉCESSITÉ ET POSSIBILITÉ DE LA REPRÉSENTATION PROFESSIONNELLE

Je n'en veux, pour preuve, que la quasi-unanimité de nos Comités à proclamer la nécessité et la possibilité pratique de la Représentation professionnelle, la coïncidence curieuse et presque absolue du plus grand nombre de leurs réponses avec les conclusions de MM. de la Tour du Pin, A. de Mun et de Gailhard-Bancel.

Ceux mêmes qui, comme le Comité de Mazamet, l'estiment *actuellement* inutile ou dangereuse, reconnaissent qu'elle peut sortir un jour du domaine de la théorie. Celui de Neuviller-sur-Moselle n'est arrêté que par un scrupule : la crainte de porter atteinte à la liberté individuelle et de mettre un nouveau rouage à la portée de l'État centralisé et accapareur. Un seul groupe, celui de Valence-d'Agen, sans d'ailleurs indiquer ses raisons, ne voit là qu'une chimère dont la réalisation conduirait à la plus affreuse anarchie.

Tourcoing et Dijon, tout en approuvant l'idée, se demandent si ce n'est pas mettre la charrue avant les bœufs : « Avant de représenter la profession, disent-ils, il faudrait l'organiser selon le projet Gailhard-Bancel. »

La plupart des groupes, au contraire, voient dans la Représentation professionnelle le moyen de hâter et de coordonner la reconstitution de la *profession* avec tous ses éléments sans exception. Ajoutons qu'une grande Association comme la nôtre ne doit point se borner, comme nos politiciens de passage, à des réformes fragmentaires, au hasard des élections ou de l'actualité, souvent incohérentes ou contradictoires : il lui faut prévoir un plan d'ensemble, soigneusement coordonné, que complèteront et auquel s'adapteront les réformes partielles que les circonstances permettront de faire prévaloir.

La presque unanimité des Comités proclame avec le Comité d'Albert (Somme) que l'époque des Parlements purement politiques est close ; il faut une place au travail, c'est-à-dire à l'élément qui fait la prospérité des peuples, dont dépend leur situation mondiale comme la vie même des hommes qui les composent.

Cette évolution exige que la Représentation nationale repose sur une nouvelle base. De *purement politique* qu'elle est, il faut qu'elle devienne *politique et économique* ; et il faut que, au point de vue économique, la cellule initiale soit, non plus un groupement confus et factice, mais un groupement bien défini, stable, en un mot une unité sociale, la Profession !

REPRÉSENTATION POLITIQUE ET REPRÉSENTATION PROFESSIONNELLE

Comment organiser cette Représentation ?

Certains, comme M. Bertot du Havre, qui fait un carnage de 400 députés remplacés par autant de délégués professionnels, se contenteraient d'introduire dans les deux Chambres actuelles ou dans l'une d'elles, quelques notabilités techniques. Mais ces individualités, obligées de trancher des questions étrangères à leur compétence, seraient vite submergées et entraînées par les intrigues des politiciens et n'apporteraient aucune amélioration appréciable à la situation présente.

Quelques Comités, moins nombreux encore, outrés de l'insuffisance et des méfaits parlementaires, vont jusqu'à tordre radicalement le cou aux deux Chambres. Ils oublient qu'au sommet de la hiérarchie constituée par les intérêts individuels, familiaux, professionnels et locaux, il existe des intérêts généraux, communs à toute la nation : unité et défense nationale, relations extérieures, finances, impôts, services publics, arbitrage des différends entre les divers intérêts subordonnés, etc.....

Ces intérêts variés peuvent être, parfois, eux-mêmes en conflit avec les intérêts généraux. Il est donc indispensable que ces derniers aient des représentants spéciaux, *compétents*, investis d'une autorité supérieure, et distincts des Assemblées professionnelles.

« Dans le chaos des intérêts particuliers, remarque le Comité d'Alençon, qui, sous le régime actuel, parlera et imposera sa volonté au nom de *tout le monde*, si ce n'est *tout le monde*, par ses représentants issus du suffrage universel ? »

L'immense majorité des Comités conclut en conséquence au maintien d'assemblées politiques, à côté des assemblées professionnelles, et d'aucuns vont même, comme celui du XIIe arrondissement, jusqu'à développer tout un plan de Représentation nationale dont la discussion nous entraînerait malheureusement trop loin !

Mais quelle sera la forme de cet organisme indépendant des Assemblées politiques ?

Toute représentation comporte trois éléments : *le corps électif, le mode d'élection et les corps élus.*

Sur ces trois éléments, que nous allons examiner successivement, nous avons reçu de plusieurs Comités, notamment de Reims, Albert, Alençon, Paris-Auteuil, Clermont (Oise), des études des plus remarquables qu'il nous faudrait citer en entier. Celle, merveilleusement précise, d'Albert, fruit de nombreuses réunions de 150 à 200 adhérents, presque tous ouvriers ou employés, mérite une mention toute spéciale. Les étroites limites de ce rapport ne me permettent pas de les reproduire et les auteurs de ces travaux, MM. de Bruignac, Monchy, Dr Beaudouin, Humblot, nous pardonneront d'en extraire la substance, sans pouvoir entrer dans les détails.

LES CORPS ÉLUS

Un Sénat ou un Grand Conseil professionnel, issu de Chambres ou Conseils régionaux, eux-mêmes élus par tous les membres de la profession syndiqués ou non, répartis en grands groupes de professions connexes, — telles sont les lignes principales sur lesquelles l'immense majorité des Comités sont d'accord.

Les divergences portent sur la nature et les attributions de l'organisme central.

Les uns, — notamment les Comités de cantons du Havre, ceux de Clermont (Oise) et du XIIe arrondissement — dont M. Monchy, rapporteur d'Albert, résume avec force et précision les arguments, redoutent que la création d'un Grand Conseil ne complique les rouages et ne ralentisse encore les allées et venues des lois entre le Luxembourg et le Palais-Bourbon ; « car ce n'est pas pour ce genre d'excursions que la locomotion a fait le plus de progrès ».

D'autre part, le Sénat actuel, ayant au fond le même caractère, le même point de vue, la même origine *politique* et la même incompétence professionnelle, n'exerce sur la Chambre qu'un contrôle illusoire et fait avec lui double emploi.

Selon la formule très heureuse de M. Monchy, « le Parlement devrait être une image réduite du pays, de telle sorte que la *Chambre* des députés fût comme *une miniature de la France, figurant toutes les opinions politiques et chacune d'elle dans la proportion du nombre d'électeurs* qui la professent ; le *Sénat, comme une autre miniature de la France* figurant *tous les intérêts professionnels et dans la proportion de leur importance économique et sociale.* »

Selon le même rapporteur, le Sénat aurait le droit d'initiative et de contrôle législatif sur toutes les décisions, même non-professionnelles de la Chambre, la politique elle-même ayant sa répercussion dans le domaine économique.

Paris-Auteuil n'est pas de cet avis : on compromettrait ainsi les intérêts généraux en les confiant à des incompétents, en les subordonnant aux intérêts particuliers des professions, on ferait rentrer par une porte au Sénat la politique qu'on avait expulsée par l'autre.

C'est pourquoi, finalement, la notion du Grand Conseil professionnel a rallié le plus grand nombre des suffrages. Elle assure la représentation des professions sans porter atteinte aux intérêts généraux et sans y mêler les considérations politiques.

Plusieurs, très nombreux, justement préoccupés d'assurer à ce Conseil une autorité et une action effective, réclament pour lui le pouvoir législatif et réglementaire en tout ce qui concerne les professions.

Mais presque toutes les lois, même purement professionnelles, ont un rejaillissement en dehors de la profession, notamment sur les consommateurs, et peuvent nuire à d'autres intérêts aussi respectables; dans le Conseil même, certaines professions pourraient être lésées ou sacrifiées par la coalition des autres. Il semble donc prudent de ne pas démembrer le pouvoir législatif et de le maintenir aux représentants des intérêts généraux.

Par contre, afin de donner au Grand Conseil toute son utilité et toute son influence, il importe de rendre *obligatoire* pour les pouvoirs publics sa consultation sur tout projet de loi, décret ou règlement pouvant intéresser directement ou indirectement les professions et de lui accorder un pouvoir réglementaire intérieur très large. Presque tous les Comités sont d'accord sur ce point.

Un grand nombre, entre autres le Creusot, lui accordent le droit de *veto* suspensif, rendant obligatoire une deuxième délibération, ainsi que le droit de présenter des propositions de loi obligatoirement discutées par le Parlement dans un délai fixé, avec *referendum* en cas de conflit.

Tourcoing ajoute à ces pouvoirs, la nomination du Ministre du Travail qui échapperait ainsi aux influences politiciennes et représenterait avec autorité à la Chambre et dans le Cabinet les intérêts du Travail.

Afin d'éviter toute confusion dans les travaux du Grand Conseil et de maintenir chacun dans sa compétence, Reims demande que ses membres soient répartis entre *huit ou dix sections indépendantes*, analogues aux cinq sections de l'Institut, et correspondant aux huit ou dix grandes « *familles de professions* », ce qui n'empêcherait pas les sections de se réunir pour l'étude des questions mixtes.

Enfin, Clermont, Plougastel-Daoulas et plusieurs autres placent au-dessus de tous les pouvoirs, politiques et professionnels, une Cour suprême indépendante et inamovible, gardienne des libertés, droits et intérêts généraux, arbitre suprême de tous les différends graves.

Aucune difficulté relativement aux *Conseils régionaux* qui sont généralement admis, aussi bien par les partisans d'un Grand Conseil central que par les tenants d'un Sénat professionnel.

Corps électif

Quels éléments comprendra le Corps électif ?

Seize Comités — notamment Villefranche-de-Rouergue, Mantilly (Orne), les IXe et XIVe arrondissements de Paris, — pénétrés de cette vérité que le nombre brutal et le suffrage individuel ne saurait être l'expression adéquate du *bien commun de la profession* et que les groupes professionnels sont seuls assez éclairés et compétents pour le dégager — n'accordent le droit de vote qu'aux syndicats, chambres syndicales, unions et fédérations de syndicats, chambres de commerce, d'Agriculture, etc., disposant chacun d'une voix ou d'un nombre de voix proportionné à leur importance respective. D'autres n'accordent à la masse des non-syndiqués qu'un nombre de voix limité et inférieur à celui des syndicats.

Le vote par groupe est, à n'en pas douter, la solution de l'avenir : elle s'imposera le jour où la profession reconstituée et réorganisée complètement en comprendra tous les membres.

Mais en l'état inorganique actuel, en raison du caractère plus politique que professionnel de beaucoup de syndicats, la majorité des Comités a sagement préféré, à titre transitoire, l'élection des représentants par tous les membres de la profession, syndiqués ou non syndiqués.

De l'avis presque unanime, des listes professionnelles établies par commune constateront la profession de chacun et lui conféreront le droit de vote. Quelques-uns, notamment Saint-Affrique, exigent la justification de capacités et d'un stage professionnels ; mais cette exigence suppose l'organisation préalable et complète des corps de métiers et ne semble donc pas actuellement réalisable.

La répartition des électeurs et des Conseils régionaux en quatre ou cinq grands groupes de professions connexes — agriculture, industrie, commerce, professions libérales, fonctionnaires — semble suffisante à la majorité de nos amis, du moins provisoirement. Certains, tel Dinan, voudraient même en exclure les fonctionnaires, les intérêts et la prospérité de leurs professions, d'ailleurs très diverses, ne dépendant pas d'eux, mais de l'Etat qui les paie et leur confère une situation privilégiée ; ils n'ont, selon le mot de M. Humblot, de Paris-Auteuil, « ni rôle économique, ni aléas, ni responsabilités ».

Signalant la nécessité d'éviter ce qui se passe au Conseil supérieur du Travail où ne figure qu'un seul représentant (17e groupe) pour les métiers les plus disparates — le livre, les bijoutiers, les musiciens et les instituteurs — le XIVe arrondissement, Reims, Alençon, Voiron, Muret et dix-huit autres Comités désirent que, sans morceler à l'infini, on élève à quinze ou vingt le nombre des « familles de professions », ce nombre variant évidemment selon les régions et selon le chiffre de leurs ressortissants.

Ainsi sommes-nous amenés à la constitution de corps professionnels par régions de plusieurs départements ; les professions sont, en effet, très inégalement réparties sur notre territoire et les intérêts d'une même profession peuvent varier beaucoup du Nord au Midi. Le Comité de Mantilly cite comme exemples frappants : la Beauce, le Bordelais, le Bassin minier et l'industrie textile du Nord, les soieries de Lyon. Le département, à plus forte raison l'arrondissement, le canton et la commune, semblent à la majorité des Comités des cadres trop étroits, dans la généralité des cas tout au moins, pour constituer des corps professionnels suffisamment nombreux.

Reims et plusieurs autres proposent une quinzaine de grandes régions naturelles, tenant compte des relations historiques et géographiques, des industries similaires prédominantes et, par région, dix à vingt « familles de profession », par exemple : Agriculture, mines et métallurgie, industries textiles, industries chimiques et teintures, bâtiment, transports, alimentation, habillement, imprimerie et livre, commerce, professions libérales, propriétaires et rentiers, fonctionnaires. Dans certaines régions et au-dessus d'un certain nombre de membres, chaque section pourrait se subdiviser en sous-section. Chaque « famille de professions » aurait son corps professionnel et son Conseil régional élu. Cette classification pourrait d'ailleurs être modifiée sur la demande des intéressés, ainsi que le remarque fort justement le Comité d'Auteuil.

Mode d'élection

Reste à étudier comment seront nommés le Grand Conseil et les Conseils régionaux.

Le Grand Conseil sera élu à deux degrés par les Conseils régionaux, eux-mêmes élus par tous les membres de la « famille de professions » qu'ils représentent, telle est la solution adoptée par la presque totalité des réponses au Questionnaire. Les Conseils régionaux, qui sont déjà une sélection, une élite, seront plus aptes que la masse à désigner les notabilités les plus capables de défendre au Grand Conseil les intérêts communs.

Montceau-les-Mines et Villefranche-de-Rouergue voudraient tempérer la brutalité du suffrage individuel par l'adjonction du *vote plural* au profit de ceux qui justifieront d'une certaine capacité et durée d'exercice de la profession. Paris-Auteuil, invoquant l'exemple de l'indifférence des électeurs aux Chambres de commerce, réclame le *vote obligatoire*.

La plupart des Comités qui abordent cette question veulent que le nombre des délégués au Grand Conseil et aux Conseils régionaux soit proportionnel au nombre des électeurs de chaque corps, d'autres à sa valeur sociale. Mais, comme plusieurs le font remarquer, le Grand Conseil n'ayant qu'un rôle *consultatif*, la question du nombre et de la proportion perd beaucoup de son importance, car, selon le mot très juste de M. le docteur Beaudouin, président d'Alençon, « les avis se pèsent et ne se comptent pas ». C'est pourquoi quelques Comités laissent aux professions une liberté très large, de même que pour leur organisation intérieure.

La représentation proportionnelle des patrons et des ouvriers perd, pour le même motif, un peu de son intérêt. Cependant l'immense majorité se prononce pour leur égale représentation, parce qu' « il y a là, selon l'expression du Comité d'Albert, deux forces qui se valent, qui sont nécessaires l'une à l'autre et dont les intérêts communs se confondent dans celui de la profession ».

Beauvais propose une solution originale : les délégués ouvriers seraient élus par les patrons, les délégués patrons par les ouvriers. Alençon classe les ingénieurs et contremaîtres avec les patrons, les employés avec les ouvriers pour l'industrie ; les fermiers, métayers et régisseurs avec les propriétaires, les domestiques avec les ouvriers agricoles pour la culture. Le Comité du XIVᵉ, animé du désir de concilier les différends inévitables, composerait le Grand Conseil d'un tiers patron, un tiers ouvrier, un tiers appartenant aux professions libérales, ce dernier tiers remplissant le rôle d'arbitre. M. Le Boulanger applique la même idée, avec des proportions différentes, à un Conseil régional interprofessionnel qui aurait l'inconvénient de créer un rouage de plus.

CONCLUSIONS

Telles sont les grandes lignes de l'ebauche sociale issue de vos délibérations : elle n'est point assurément complète ni définitive. Ce serait d'ailleurs une erreur de vouloir prévoir tous les détails et tout réglementer minutieusement.

Si pour sortir de l'état inorganique et anarchique où la légalité révolutionnaire de plus d'un siècle nous a logiquement conduits, l'intervention législative est indispensable, il importe de la réduire au strict minimum et de laisser la plus large part à l'initiative et à la compétence des corps professionnels reconstitués, avec le pouvoir de modifier eux-mêmes leurs règlements et leur propre organisation, selon les données de l'expérience et de la coutume.

Telle que vous l'avez conçue, la Représentation Professionnelle semble pratiquement réalisable : elle seule rendra possibles les retraites ouvrières sérieuses, les lois sociales justes et acceptables pour tous que le peuple réclame et que l'incompétence parlementaire est impuissante à lui donner. Grâce à cette organisation, dix millions de travailleurs français cesseront d'être menés et régentés par les trois cent mille agités de la Confédération Générale du Travail. Tout ce qu'il y a de légitime et de vrai dans les aspirations profondes du syndicalisme trouvera en elle sa réalisation. Sur ce large terrain, abrité contre les vents de la politique, l'union pourra se faire peu à peu entre tous ceux qui veulent de bonne foi la justice, de l'extrême droite aux confins extrêmes du syndicalisme. La Représentation Professionnelle nous donnera surtout une image exacte des intérêts économiques et sociaux du pays, comme la Représentation Proportionnelle nous donnera l'image exacte de ses opinions et de ses intérêts généraux.

Vos études si consciencieuses et si neuves montrent à tous que l'A. L. P. est à l'avant-garde du progrès social, que l'amélioration du sort des travailleurs n'est pas, dans notre programme, une phrase oratoire et vague, mais doit se réaliser en lois et en actes dans toute la mesure du pouvoir qui nous sera donné. Elles orienteront de plus en plus vers les réformes sociales notre grande Association et la masse électorale elle-même, dégoûtée de la politique et des politiciens de métier. Elles prouveront que, dans cette *maison à l'envers* que nous a faite la mise en pratique des « faux dogmes de 89 », selon le mot de F. Le Play, seuls les catholiques peuvent rétablir l'ordre, en plaçant chacun et chaque chose en son lieu : la famille et la profession à la base, Dieu au sommet.

En conséquence, voici le vœu que je propose au Congrès :

Le Congrès de l'A. L. P.,

Considérant qu'actuellement en France les opinions politiques seules sont représentées et défendues ; que les intérêts professionnels d'où dépendent le pain quotidien de dix millions de travailleurs et la prospérité nationale ne le sont pas ; qu'il est nécessaire et possible de constituer cette représentation ;

Considérant qu'en l'état inorganique actuel, les syndicats, unions, fédérations, Chambres de commerce ou de prud'hommes, etc., ne groupent qu'une petite minorité de travailleurs, n'ont ni qualité ni autorité suffisantes pour choisir, à eux seuls, les représentants des professions et que tous les professionnels sans exception, syndiqués et non syndiqués, doivent coopérer à ce choix ;

Considérant que la répartition et les intérêts des professions sont variables selon les régions ; que, pour ne pas morceler à l'excès et multiplier les rouages nouveaux, il convient, au début tout au moins, de répartir les électeurs en grands groupes ou « familles de professions connexes » correspondant chacun à un Conseil régional ;

Que pour assurer la représentation et la défense permanente des intérêts professionnels auprès des pouvoirs publics, tout en maintenant la subordination nécessaire aux intérêts généraux ; pour rendre radicalement impossible toute invasion des préoccupations politiques, il y a lieu de créer à côté et indépendant des Chambres un organe central, émanant des Conseils régionaux, ayant un rôle purement consultatif et réglementaire, mais avec droit de contrôle et d'initiative législative en toute matière pouvant intéresser directement ou indirectement les professions ;

Qu'au-dessus des Chambres représentant les opinions, et du Grand Conseil représentant les professions, il est indispensable qu'il y ait un organe autorisé, représentant les intérêts généraux et permanents du pays, gardien des droits et libertés essentiels de tous, arbitre suprême des différends,

Émet le vœu :

Qu'un projet de loi soit préparé et déposé, instituant un Grand Conseil professionnel consultatif, nommé par les Conseils régionaux, eux-mêmes élus par tous les membres des professions syndiqués et non syndiqués, répartis en grands groupes de professions connexes ;

Qu'une Cour suprême, déjà réclamée par nos précédents Congrès, composée des principales notabilités et compétences du pays, soit placée au-dessus des Chambres politiques et du Grand Conseil professionnel.

Cette lecture substantielle est couverte d'applaudissements et une discussion très animée s'engage.

M. Saint-Yves, développant l'opinion émise par le Comité d'Albert (Somme) et par quelques autres Comités, estime que la Représentation professionnelle doit être réalisée par la transformation du Sénat politique actuel en Sénat professionnel et non par la création d'un rouage nouveau, tel qu'un Grand Conseil exclusivement professionnel.

Après quelques intéressantes observations présentées par M. Leboulanger, M. Bellet, avocat à la Cour de Toulouse, préconise une solution mixte : ce Sénat serait composé pour une moitié d'élus professionnels, pour l'autre moitié d'élus politiques.

M. de Grandmaison, président du Comité du Havre, dit que la plupart des grands intérêts du pays doivent être soumis à des assemblées composées, non seulement de professionnels, mais de représentants politiques, capables de départager au besoin les représentants professionnels.

M. Perié, de la Jeunesse Libérale de Paris, croit inutile une Représentation professionnelle. Il réclamerait plutôt pour les organisations syndicales le droit de légiférer en matière professionnelle et d'élaborer les règlements des diverses corporations.

M. Piazza, président du Comité de Marseille, se prononce en faveur d'un Conseil purement professionnel, toute immixtion d'éléments politiques devant fatalement entraîner cette Assemblée hors de sa voie et de sa compétence, et maintenir par suite l'anarchie et la confusion actuelles.

M. Begouen-Demeaux apporte une solution conciliante et propose d'introduire dans le Sénat, par catégories, un certain nombre de représentants professionnels. Telle est, dit-il, la solution de principe à laquelle il se rallie.

M. de Gailhard-Bancel, en clôturant la discussion, observe fort justement que la profonde désorganisation sociale et politique qui caractérise notre temps complique considérablement le problème ; cette situation de fait ne permet pas de lui donner actuellement une solution définitive, mais seulement une solution provisoire que l'expérience et l'avenir compléteront. L'A. L. P. ne peut donc immédiatement que préciser les principes, la doctrine et les grandes lignes de la Représentation professionnelle.

Il propose en conséquence le vœu suivant, qui est adopté à la presque unanimité :

VŒU

Le Congrès émet le vœu : Qu'en attendant que la représentation des professions dans les grandes assemblées du pays puisse être établie, — et le Congrès se déclare en principe partisan de cette représentation, — il soit constitué une représentation générale des professions émanant d'une organisation professionnelle analogue à celle proposée par un groupe de députés de l'A. L. P. le 6 juillet 1906 ;

Et que, dès à présent, les associations professionnelles existantes soient obligatoirement consultées sur toutes les lois intéressant les professions.

DEUXIÈME JOURNÉE

Samedi 4 Décembre 1909

SÉANCE DU MATIN

SALAIRES DE L'OUVRIÈRE A DOMICILE

Présidence de M. le Comte Albert DE MUN.

La séance est ouverte à 9 heures, devant un auditoire très nombreux.

La parole est donnée à M. G. Maze-Sencier qui donne lecture de l'intéressant rapport suivant :

RAPPORT DE M. G. MAZE-SENCIER

Dernièrement, toute une suite de travaux et d'enquêtes, dus en grande partie aux efforts et à l'initiative de l'École Sociale Catholique, et couronnés, pour ainsi dire, par une vaste enquête officielle qui se poursuit encore, révélaient au monde, stupéfait et confus, des abîmes insondables de détresse et de misère. Un nouveau cercle de l'Enfer du Dante venait d'apparaître, et cette vision de toute une théorie de femmes épuisées, épouses, mères, jeunes filles, créatures sans joie et sans paix, penchées sur un travail de famine, pesait comme un remords sur la conscience troublée des heureux de ce monde.

Le peintre qui voudrait, d'un pinceau trop fidèle, nous retracer le tableau de certaines misères féminines, nous frapperait de stupeur et d'admiration. S'il nous disait les nuits sans sommeil, les jours sans nourriture, les foyers sans feu, dans l'obsession de l'aiguille incessamment tirée ; s'il nous montrait les pauvres yeux littéralement usés, voués à la nuit éternelle pour s'être fatigués sans relâche sur des travaux exténuants ; s'il nous conduisait dans des salles d'hôpitaux où s'éteignent et se consument des jeunes filles, des jeunes femmes trop blanches, épuisées et moribondes ; s'il nous donnait accès dans certains lieux de plaisir, peuplés parfois de créatures excédées, qui furent trop faibles sous le poids d'une vie trop lourde et qui ont succombé ; s'il nous disait les aspirations, toujours déçues, les rêves toujours inaccessibles de ces ouvrières qui côtoient chaque jour le luxe, la beauté, le plaisir, la joie, le bonheur et l'amour, et qui, jamais, jamais, ne connaîtront rien de ces douces choses, nous resterions confondus devant des prodiges de misère et de courage ; confondus devant certaines détresses que nous ne soupçonnions pas, plus confondus, peut-être, devant certains courages que nous soupçonnions moins encore.

Il était naturel, il était nécessaire que l'Action Libérale, dont la sollicitude, depuis sa création, s'est portée tour à tour sur tous les grands problèmes sociaux actuels, reprit, à son compte, cette question des salaires de l'ouvrière à domicile, traitée éloquemment dans d'autres enceintes. On se rappelle la discussion mémorable du dernier Congrès diocésain de Paris, et le rapport décisif de M. l'abbé Mény ; on se rappelle les travaux du Congrès Jeanne d'Arc et la communication de Mme Leroy-Liberge ; la campagne de Mlle Rochebillard, les travaux de la Semaine Sociale de Bordeaux ; les conclusions du Congrès de Zurich, les vœux de l'Association Internationale pour la protection légale des travailleurs, les interventions magistrales de M. Raoul Jay, à Lucerne, les publications décisives de l'Action populaire et du Musée Social.

D'aucuns penseront peut-être qu'une grande Ligue politique Norvégienne, en étudiant, pour les améliorer, les salaires de l'ouvrière à domicile, et en manifestant ainsi une sollicitude éclairée pour tout un contingent nouveau d'électeurs, serait mieux désignée, peut-être, pour un tel rôle qu'une grande Ligue politique française. Ceux-là, vraiment, connaîtraient bien mal l'Action Libérale Populaire. Est-ce qu'une de ses raisons d'être, les meilleures et les plus profondes, est-ce que sa mission permanente, en tous cas supérieure à toutes les contingences politiques, ne consistent pas dans son attachement passionné à ceux qui souffrent, et dans son désir, dans sa volonté de les soulager, conformément aux règles de la justice ?

L'Action Libérale, enfin, ne pourrait oublier qu'un de ses chefs, un de ses vice-présidents, un de ces hommes qui font l'orgueil d'un parti et l'honneur d'un pays, M. le comte de Mun, ajoutant un chapitre nouveau et non l'un des moins éloquents à la « Vocation Sociale », qui fut sa vie, déposait au Parlement une proposition de loi tendant à la fixation d'un minimum de salaires.

Voilà pourquoi, cette année, conformément à sa méthode coutumière, qui consiste à associer le plus étroitement possible ses Comités, même les plus éloignés, et son Comité central, et qui accuse plus que jamais l'étroite union de tous ses membres, leur collaboration continue dans la recherche du bien, l'Action Libérale décidait l'envoi d'un questionnaire destiné à préciser la question des salaires de l'ouvrière à domicile.

**

L'enquête que nous avons faite, si incomplète soit-elle, n'a pu que confirmer les résultats connus.

La question est infiniment complexe, d'aucuns nous diront, peut-être, devant ses difficultés immenses, qu'elle est insoluble. Voilà des suggestions que nous repousserons en songeant au nombre considérable de créatures qu'il importe de relever et de soutenir. A Paris, par exemple, plus de 200.000 femmes pratiquent, sous une forme quelconque, le travail à domicile.

Un nombre — heureusement raisonnable — d'ouvrières à l'aiguille, perçoit une rémunération convenable et n'a aucun motif sérieux de plainte : nous parlons de celles qui se débattent dans les affres du sweating. Les unes, demandent au salaire souvent dérisoire qui leur est donné, un appoint aux trop maigres ressources d'un budget insuffisant ; ce sont les moins malheureuses ; créatures dignes de toute estime, d'ailleurs — comme tout être humain qui pratique la loi du travail, mais concurrentes redoutées et honnies de certaines ouvrières professionnelles ; celles-ci, vouées à une chaîne de douleur, se débattent dans une lutte écrasante qui ne leur assure pas le pain quotidien

Et pourtant, si le travail de l'ouvrière à domicile a de grands inconvénients, s'il est effectué trop souvent dans des conditions hygiéniques détestables, s'il contribue à la propagation de certaines maladies contagieuses, s'il entraîne des abus et aboutit insensiblement à une exploitation condamnable de la femme, il présente aussi de grands avantages. Il permet à la femme, gardienne du foyer, incarnation du groupe familial, de demeurer au foyer, de surveiller ses enfants, de vaquer aux nécessités du ménage, de constituer — en un mot — cette chose tutélaire et sacrée : la famille.

Il ne faut donc (et cette idée se dégage très nette de l'esprit général de vos réponses, toujours fidèles à cette conception du respect nécessaire de la liberté individuelle), ni entraver le travail à domicile, ni en rendre l'exercice plus difficile à telle ou telle catégorie de personnes même moins nécessiteuses.

Il importe seulement de trouver une solution qui, sans léser des intérêts respectables, assure à une classe de travailleurs, sympathique entre toutes, puisqu'elle est la plus désarmée, une *rémunération vitale*.

C'est ce problème que nous avons étudié ensemble. Emus, frappés du taux réduit de certains salaires, vous avez recherché les remèdes efficaces et, devant l'insuffisance des moyens proposés, vous avez estimé que, dans des conditions déterminées et précises une intervention législative était nécessaire.

Les enquêtes officielles ou particulières ont établi jusqu'à l'évidence l'effrayante médiocrité du salaire pour l'ouvrière à domicile. Ces chiffres ont été reproduits partout. En certains cas, pour la lingerie, on les a vus descendre jusqu'à 0 fr. 40 par jour, jusqu'à 2 et 3 centimes par heure ; dans la dentelle, ils s'élèvent jusqu'à 8 ou 9 centimes par heure. On vous prouverait que des tabliers de bonnes ont été payés huit sous la douzaine, et les torchons trois sous la douzaine, et que l'ouvrière a dû prélever sur ce compte les fournitures d'aiguilles et de fil. En généralisant, on établirait une moyenne de 0 fr. 90 à 1 fr. 25 par jour. Il est inutile de multiplier les exemples. Vous les trouverez cités avec les références qui leur donnent toute authenticité dans les documents publiés à ce sujet.

J'ajoute que, de vos réponses émanant la plupart de Comités ruraux, ressort une remarque intéressante et qui renferme en elle sa moralité : c'est que le travail de la femme est mieux payé en général à la campagne, quand l'intermédiaire disparaît, que dans les grands centres urbains. Il n'en demeure pas moins établi que, trop souvent, et presque partout, l'exiguïté de certains salaires appelle d'urgence l'application des remèdes appropriés

***

Ces remèdes, nous les avons cherchés simultanément. Aucun ne suffit à réparer le mal et pourtant chacun présente son utilité. Aussi faut-il, et vos Comités ont prouvé toute leur clairvoyance sur ce point, encourager de toutes façons ces remèdes ou même ces simples palliatifs qui, dans une mesure quelconque, atténuent une injustice sociale.

Le rôle prépondérant des Ligues sociales d'acheteurs doit être facilité et ces Ligues ont assumé une tâche au-dessus de tout éloge. Vous en connaissez l'idée initiale et profonde qui consiste à mettre chacun de nous en présence de ses responsabilités personnelles et que l'initiative résumait ainsi :

« Le consommateur doit se rendre compte de la portée de ses actes quotidiens et de la conséquence de chacun de ses achats. C'est le consommateur qui porte la responsabilité des maux dont souffrent les salaires. Son devoir est de rechercher dans quelles conditions sont fabriqués les articles qu'il achète et d'exiger que ces conditions soient au moins morales et permettent au travailleur de vivre dignement. »

Les œuvres d'assistance, sous toutes leurs formes, qu'il s'agisse de restaurants d'ouvrières, d'abris, de fourneaux économiques, de maisons de famille, de centres d'assistance par le travail, de patronages, de sociétés de secours mutuels, les caisses de prêt, les ouvroirs, les coopératives organisant des maisons de dépôt et de vente méritent toute sympathie ; il faut, avec une conviction réelle, proclamer l'utilité de toutes ces institutions, mais leur instabilité même en compromet trop souvent l'efficacité permanente.

La disparition des entrepreneurs et des intermédiaires semble souvent très désirée et très enviable. Est-elle toujours possible ? Serait-elle même toujours équitable ? Il serait aisé de citer des cas où le sort des entrepreneurs, souvent néfaste, mais parfois nécessaire, n'est guère plus heureux que celui des ouvriers.

Les Syndicats féminins, s'ils pouvaient être constitués, transformeraient rapidement le sort de l'ouvrière : on estime à 20 °/₀ seulement le nombre des ouvriers syndiqués et ce groupement compact suffit souvent à faire aboutir les réclamations raisonnables. On évalue à plus de un million les ouvrières et employées et, d'après les statistiques admises, 75.000 seraient seulement syndiquées, si grande est la méfiance et si complète est la dispersion générale des ouvrières à domicile.

Par les Syndicats, les femmes arriveraient cependant à être protégées contre elles-mêmes ; elles se trouveraient assez fortes, soit pour refuser le travail à vil prix, soit pour maintenir le taux des salaires vis-à-vis des entrepreneurs, soit pour sacrifier momentanément à l'intérêt général leur intérêt personnel immédiat et même les intérêts de la corporation.

On instituerait à l'intérieur des Syndicats des foyers d'Éducation professionnelle. Il est évident que l'adoption amiable par les Chambres syndicales de patrons et d'ouvriers d'un minimum de salaire, reconnu nécessaire, dans chaque milieu, suivant un tarif publié, et la résolution, prise et maintenue par l'ouvrière, de refuser tout ouvrage proposé au-dessous du minimum, apporteraient un soulagement immédiat à la condition de beaucoup de femmes. En acceptant la discipline qu'imposent les Syndicats, elles décupleraient leur action. Mais comment classer les ouvrières ? Elles appartiennent à tous les mondes, et si quelques-unes peuvent aisément se syndiquer, beaucoup d'autres, dont le but est également intéressant, ne peuvent être facilement qualifiées ou cataloguées. Il importe cependant de les défendre.

L'entente syndicale, aussi bien chez les patrons que chez les ouvriers, est souvent chimérique : les nécessités et les conséquences de la concurrence la rendent parfois impossible, et si l'accord amiable entre les divers éléments de la profession est toujours désirable, il est, en fait, très difficilement réalisable.

*
* *

C'est alors, devant l'insuffisance ou l'inefficacité reconnues de tous les moyens proposés pour arriver au relèvement des salaires féminins que se pose la question décisive.

Faut-il encourager l'intervention législative et sous quelle forme ? La plupart d'entre vous n'ont pas hésité et se sont nettement prononcés pour cette intervention. Quelques-uns reculent encore devant cette voie. La solution légale ne leur donne pas confiance : ils la jugent inutile et dangereuse en présence de ce débat privé qu'est le contrat entre employeurs et employés.

A ces timides, nous redirons la doctrine que rapportait ailleurs, l'un des vôtres, M. de Las Cases. On lui rappelait que, jadis, il avait été partisan de la solution du problème par le système de la liberté des parties en présence. « La vraie doctrine, disait-il, est celle de Léon XIII. Quand des problèmes de cette nature se posent, il faut essayer de les résoudre d'abord par la liberté et si la liberté ne suffit pas, il faut recourir à la loi. »

Pour mettre une limite à l'exploitation du travail de la femme, on confierait à des Comités composés mi-partie d'employeurs et d'employés, le soin de fixer les chiffres du minimum de salaires. Ce serait donc, en résumé, aux professionnels, aux représentants de la profession réunis en Comités de Salaires que reviendrait la charge de fixer les minima de salaires, légalement obligatoires pour les travailleurs à domicile.

Le fonctionnement de ces Comités aurait pour effet certain d'affermir les prix, d'empêcher certains excès de la surenchère et de la concurrence, de remédier à l'inégalité des prix entre le travail à l'usine et le travail à domicile. L'article 13 de la proposition de loi établit ainsi le fonctionnement des Comités de Salaires, qui demande, d'ailleurs, à être très déterminé et très précis :

« Le Comité détermine le salaire minimum que doit recevoir par heure l'ouvrier de capacité moyenne, ce salaire peut varier suivant la nature des travaux ou les différentes parties de la circonscripion soumise à la juridiction du Comité.

» Le Comité devra, toutes les fois que ce sera possible, établir des séries de prix minima pour les diverses opérations que comporte la profession.

» Pour les opérations non visées aux séries de prix, le tribunal doit, dans chaque cas particulier dont il serait saisi, décider si les conditions faites à l'ouvrier sont telles qu'elles permettent au travailleur de capacité moyenne d'obtenir le salaire minimum fixé à l'heure.

» Les salaires minima ainsi déterminés devront être intégralement payés à l'ouvrier et sans aucune déduction pour la rétribution des entrepreneurs ou sous-entrepreneurs.

» Le commerçant qui offre au public l'objet confectionné à domicile reste civilement responsable de l'insuffisance des salaires payés par l'entrepreneur ou le sous-entrepreneur. »

Tout employeur devra donc, en distribuant ses travaux, faire coïncider ses prix de façon avec le salaire minimum. Si l'ouvrière estime ou suppose qu'elle n'a par la rémunération suffisante, elle en réclamera le versement à son employeur, et, en cas de résistance, elle pourra citer celui-ci devant les prud'hommes.

La proposition de loi, dans son article 17, ajoute :

» Un livret individuel sera remis par les soins de l'employeur aux personnes travaillant dans les conditions spécifiées à l'article précédent. Il y sera fait mention par l'employeur et sans omission, du travail effectué et du salaire payé conformément aux indications du registre institué par l'article précédent. »

***

Une objection — toujours la même en pareil cas — et très sérieuse, se dresse devant le monde de l'industrie, qui sent peser si lourdement sur lui la concurrence acharnée des nations voisines. Cette aggravation de charges ne va-t-elle pas créer à l'industrie nationale un état d'infériorité ? Mais si dans les nations concurrentes, une action parallèle s'organise et s'implante, une des principales objections au relèvement des salaires ne s'évanouit-elle pas de suite ?

Le Congrès de Zurich se prononçait dernièrement (août 1909) dans le sens d'une intervention législative et demandait au gouvernement helvétique de prendre l'initiative d'une législation internationale, et l'Association internationale pour la protection légale des Travailleurs invite les Gouvernements à faire un essai d'application d'un minimum de salaires : établi sous forme de séries de prix par les « Comités de Salaires ».

En Angleterre un projet officiel a été déposé et le bill récemment discuté a été voté.

En Allemagne, sur le vœu formellement exprimé par la cinquante-quatrième Assemblée générale des Catholiques, envisageant cette réforme « comme l'un des devoirs les plus urgents du temps présent », les députés du Centre ont déposé une proposition de loi conforme.

En Autriche, un avant-projet de loi a été déposé concernant la réglementation des conditions du travail à domicile pour certaines industries.

Il n'en fallait pas tant pour que, depuis longtemps, bien avant toutes ces manifestations, dont la coïncidence significative ne saurait échapper toutefois à personne, l'initiateur, le précurseur qu'est M. de Mun, ait résolu, lui aussi, de chercher le remède à une situation poignante. C'est alors que, pendant de longs mois, à la Société des Études législatives, sous sa direction et sous son impulsion généreuse, avec le concours de dévouements inébranlables et de compétences reconnues, fut élaborée cette proposition de loi sur l'établissement de salaires minima, pour les travailleurs à domicile, qui restera comme l'un des plus beaux titres d'honneur de l'École sociale catholique.

*
* *

Et si vous le voulez, messieurs, devant certaines résistances raisonnées et sérieuses que la crainte de toute intervention législative fait naître, nous placerons la question sur le terrain même des idées générales.

Tout le problème se résume en peu de mots et devant le jury autorisé que vous constituez, je ne crains pas de poser les questions qui précisent le débat.

Un être humain a-t-il le droit de vivre une vie vraiment humaine ?

Existe-t-il antérieurement à tous les contrats une loi naturelle de justice ?

Est-il juste que le salaire permette à la créature de Dieu d'amasser le pain quotidien et lui assure dans la limite extrême de ses obligations les plus réduites, la vie matérielle ?

Suivant la formule saisissante de M. de Mun, faut-il assurer à l'ouvrier un minimum légal de *salaire vital* ?

Est-ce à la charité, au contraire, d'assumer une telle charge ?

En un mot, la charité doit-elle remplir l'office de la Justice, si tant est que la charité puisse se concevoir et subsister encore devant un état reconnu d'injustice ?

Poser de telles questions devant un jury comme le vôtre, messieurs, c'est-à-la fois les résoudre. De la façon la plus formelle, d'ailleurs, à une majorité qui ne se chiffre plus, vous vous êtes prononcés pour le minimum légal de salaire vital, ratifiant cette parole d'un évêque français, dont la pensée profonde ne saurait vous échapper — « 50.000 francs de justes salaires valent mieux que 500.000 francs d'aumônes ».

Une fois de plus, l'Action Libérale marchait à la conquête de la justice !

Avant d'entamer la discussion générale, M. Salvetti, délégué du Comité directeur, lit au Congrès l'exposé des motifs de la proposition de loi déposée par M. de Mun au Parlement.

Mme Leroy-Leberge donne au Congrès les renseignements les plus précis et les plus intéressants sur les résultats de la législation anglaise.

La discussion la plus vive a porté sur cette question plus délicate que les autres : dans quelle mesure l'intervention légale se justifie-t-elle lorsqu'il s'agit du travail de l'ouvrier et de l'ouvrière ? C'est un point sur lequel les membres de l'A. L. P. arrivent facilement à s'entendre.

M. Ollivier, député, tout en étant d'accord avec M. de Mun sur le principe de la loi, donne plus de place à la liberté individuelle. MM. Jean Letolle, Reverdy et de Grandmaison soutiennent avec une conviction communicative ces deux points qui précisent et résument tout le débat : nécessité d'établir un contrôle en matière de réglementation du travail, sanctions pour garantir l'efficacité de ce contrôle.

Le Congrès manifeste son accord significatif en votant à l'unanimité le vœu suivant :

Considérant que si les divers moyens d'initative privée pour remédier à l'insuffisance des salaires doivent être encouragés de toutes façons, que s'ils sont utiles en particulier pour préparer l'opinion publique à l'acceptation d'une intervention légale, ils n'en demeurent pas moins d'une réalisation lointaine et d'une efficacité insuffisante ;

Considérant que la nécessité de la concurrence et l'obligation de l'unanimité en pareil cas, mettant souvent obstacle aux plus généreuses initiatives de l'action patronale, l'intervention légale devient dès lors nécessaire ;

Considérant, en outre, que dans plusieurs nations étrangères, le minimum légal de salaire fonctionne déjà ou que des propositions en ce sens ont été déjà posées ;

Considérant que la loi en fixant des Comités professionnels chargés de déterminer les minima des salaires désormais obligatoires, apporterait un soulagement désirable au sort des travailleurs à domicile,

Emet le vœu qu'une proposition de loi sur l'établissement des salaires minima pour les travailleurs à domicile soit discutée sans retard au Parlement et votée par lui.

Avant de clore la séance, M. Lefebure fait remarquer qu'en pareil cas une question préalable se pose, celle de l'apprentissage de l'ouvrière : il est prouvé que l'ouvrière vraiment habile dans son métier n'est pas victime du *sweating system*. Il importe donc de favoriser de toutes façons l'apprentissage.

M. Lefebure dépose en ce sens un vœu qui est adopté.

M. Piou, saluant l'heureuse et récente initiative de Mgr l'Archevêque de Paris, en faveur des ouvriers boulangers, fait ensuite voter par acclamation le vœu suivant :

Le Congrès de l'Action Libérale envoie aux boulangers qui protestent contre le travail de nuit ses plus ardentes sympathies et ses vœux pour le succès de leurs revendications, par le vote d'une loi qui les sanctionne.

L'ACTION LIBÉRALE ET LES ÉLECTIONS

Présidence de M. Jacques Piou.

M. Villeneau, délégué du Comité directeur, donne lecture du rapport résumant les réponses des Comités au questionnaire préparatoire au Congrès.

Voici ce rapport :

RAPPORT DE M. VILLENEAU

Vous n'êtes pas de ceux qui se désintéressent des élections. Vous croyez à leur influence sur l'avenir du pays. L'un d'entre vous, M. Henry Clément, du Comité d'Aubusson, déclare nettement : « Nous considérons que la question électorale est la plus importante et actuellement la seule qu'il convienne d'examiner. Toutes les réformes de détail doivent s'effacer devant la considération primordiale. Pour refaire le pays, il faut une bonne Chambre et pour avoir une bonne Chambre, il faut de bonnes élections. Nous supplions l'A. L. P. de faire les plus grands efforts pour que notre parti donne la somme de travail et de résultats dont il est capable, aux élections de mai prochain. »

Vous êtes tous d'accord sur ce point et disposés à ne rien négliger pour avoir de bonnes élections. Malheureusement cela ne dépend pas de vous seuls. Il y a l'administration et il y a l'opinion. De l'administration, notre vieille ennemie, nous n'attendons rien, sinon son habituelle hostilité ; reste l'opinion. C'est elle qu'il s'agit de conquérir. Il y a donc lieu de s'inquiéter de son caprice et de s'enquérir de ses dispositions. Affronter les élections sans se préoccuper de l'état de l'opinion serait pure folie et il n'est pas défendu de lui faire la cour lorsqu'elle est disposée à écouter des propos honnêtes et à venger les injures faites à la conscience populaire.

C'est pourquoi nous vous avons demandé quelles questions passionnent le plus l'opinion publique et que vous jugez utile d'inscrire dans les programmes électoraux à côté de nos essentielles et invariables revendications.

Unanimement ou presque, vous avez mis au premier rang de ces questions celle de l'augmentation de l'indemnité parlementaire. Les Q. M. sont partout impopulaires. Deux de nos comités seulement ne mentionnent pas ce fait. L'un nous a répondu simplement : « Il n'y a pas de passions par ici. » et l'autre : « Ce qui passionne le plus, c'est la vente des cochons à bon prix. » Sans commentaires !

Mais partout ailleurs l'augmentation de l'indemnité parlementaire, les circonstances surtout où elle a été votée, ont soulevé l'indignation publique. Il y a même des régions où cette question domine toutes les autres : « Il n'en n'est pas d'autre susceptible d'émouvoir nos populations toujours gouvernementales, écrit M. de Varinay, président du Comité de Saint-Maixent et pour qui l'obtention des faveurs ministérielles est le dernier mot de la politique. Le vote des 13.000 a désillusionné les plus fervents du Bloc et ruiné le prestige de nos députés radicaux. »

Dans le même ordre d'idées, l'augmentation constante des impôts, le déficit avoué, alarment cette catégorie de citoyens chez qui la qualité de contribuable est prédominante. Les déclarations de M. Briand à Périgueux n'ont pas rassuré les porte-monnaie.

Les commerçants, gens d'ordinaire calmes et pacifiques, sont en émoi. Depuis quelques mois ils s'agitent et nous venons d'assister à une levée de boucliers des patentés contre les impôts Cochery. On en peut conclure l'entrée en ligne, dans les prochaines élections, d'un élément nouveau qui peut causer des surprises.

L'étoile de l'impôt sur le revenu semble avoir pâli. Le commerce et l'industrie y sont nettement hostiles, et les ruraux se défient. Cependant, dans certaines régions, l'impôt sur le revenu qu'on a baptisé « l'impôt sur les riches » est encore populaire.

Quant aux retraites ouvrières, le long stage qu'elles font au Sénat n'est pas sans inspirer des inquiétudes.

Mais vous avez tous compris que l'intérêt des prochaines élections n'est pas dans telle ou telle des promesses qui figurent au programme radical depuis plusieurs lustres. La Représentation proportionnelle en sera l'enjeu.

Dès notre premier Congrès, vous avez émis un vœu en faveur de cette réforme dont la réalisation peut être le début d'une ère nouvelle. Lors des débats mémorables de la Chambre à ce sujet, M. Piou disait : « Rejetée ici, elle serait dans quelques mois notre meilleure plate-forme électorale. » Vous êtes tous de cet avis et placez au premier rang, le triomphe de cette réforme. Vous êtes disposés à consentir les sacrifices nécessaires pour assurer son succès.

L'un d'entre vous écrit : « C'est la préface de toutes les autres réformes. Avant tout la justice électorale. Dans une démocratie, le grand intérêt est que le suffrage universel puisse se prononcer en toute liberté et en toute indépendance ; ces garanties essentielles, seule la R. P. peut nous les donner en nous débarrassant du scrutin majoritaire, ce bouillon de culture de la candidature officielle. »

Il est facile de comprendre, en effet, que l'administration, toute puissante lorsqu'il s'agit de conserver ou de gagner quelques centaines de voix (la majorité), perdrait son temps, ses menaces et ses faveurs à vouloir influencer des milliers d'électeurs groupés en partis fortement organisés. Alors on pourra se battre à armes égales. Nous ne demandons pas davantage.

Le devoir est donc tout tracé. Tous les candidats de l'A. L. P. devront inscrire dans leurs programmes la R. P.

Dans les circonscriptions où nos amis n'auront pas de chances de succès, pas d'hésitation possible : il faudra voter pour le candidat, quel qu'il soit, qui aura mis la R. P. dans son programme, contre le candidat qui en est l'adversaire.

Telle est du moins la ligne de conduite que la très grande majorité d'entre vous préconise. Quelques-uns nous font part de scrupules très honorables, tel le Comité de Saint-Léonard qui n'a pas cru devoir, en conscience, proposer cette tactique dans une élection partielle. Il faut, en effet, que nos amis se rendent compte de la valeur de la R. P. et comprennent le sacrifice qui peut parfois leur être demandé. En aucun cas, il ne faut risquer de compromettre l'avenir.

Sous cette réserve, la règle précédente a rallié vos suffrages et vous l'affirmerez tout à l'heure avec une nouvelle autorité.

Messieurs,

Vos réponses attestent votre foi dans l'avenir de notre Association, et votre confiance dans les directions de ses chefs. Vous vous êtes rendu compte qu'ailleurs on n'a pas mieux fait que chez nous. Continuons donc à rester les fidèles de cette qualité si rare mais si française qui s'appelle le bon sens et ayons confiance dans l'avenir.

Il est ensuite donné lecture, au nom du Comité d'Etudes sociales, d'un intéressant mémoire dont la conclusion trace un programme électoral très complet comprenant notamment la R. P., la péréquation des circonscriptions et le vote familial.

La discussion est ouverte. Le Congrès examine au triple point de vue religieux, social et politique, quelle doit être l'attitude de l'A. L. P. sur la question religieuse. M. de Mun déclare très nettement *« qu'il n'y a pas d'organisation légale possible de l'Eglise en France* SANS UNE ENTENTE PRÉALABLE AVEC LE SAINT-SIÈGE ».

M. du Parc s'associe à cette déclaration.

La même pensée, reprise avec une grande énergie par M. Piou, est finalement acclamée par le Congrès.

Au point de vue social, M. Piou rappelle le programme élaboré dans les précédents Congrès : RETRAITES OUVRIÈRES, CONTRAT DE TRAVAIL, ORGANISATION PROFESSIONNELLE, EXTENSION DE LA CAPACITÉ DES SYNDICATS, LIMITATION LÉGALE DES HEURES DE TRAVAIL, etc. Le Congrès confirme son adhésion aux différents articles de ce programme.

Le sentiment de l'A. L. P. en ce qui concerne la LIBERTÉ D'ENSEIGNEMENT n'a pas varié. Nous revendiquons intégralement cette liberté à tous les degrés de l'enseignement.

M. Piou établit que la neutralité à l'école laïque, établie par la loi de 1882, est partout violée, aujourd'hui, par le Gouvernement, les manuels scolaires officiels et un certain nombre d'instituteurs.

L'amiral de Cuverville s'associe à cette déclaration.

M. Daure, maire d'Alan (Haute-Garonne), avec beaucoup de verve, raconte les incidents héroï-comiques de la lutte scolaire dans une commune de sa région.

On passe ensuite à la question capitale de la REPRÉSENTATION PROPORTIONNELLE.

M. de Grandmaison, du Havre, demande très éloquemment *que tous les candidats de l'A. L. P. inscrivent la R. P. dans leur programme. (Adopté à l'unanimité.)*

Une discussion s'engage sur la question de savoir quelle sera l'attitude des libéraux au deuxième tour de scrutin, lorsqu'ils n'auront pas de candidats à eux. Y prennent part : MM. Begouen, Salvetti, Ponthière, Champart, Hardouin, Lachambre, Daboncourt, etc.

Le sentiment du Congrès est *qu'il faut assurer le succès du proportionnaliste en tout état de cause.*

Les Comités seront invités à se conformer à cette décision, afin d'assurer dans la prochaine législature le vote de la réforme électorale et de la R. P.

ASSEMBLÉE GÉNÉRALE DE CLOTURE

Samedi soir 4 Décembre 1909

L'Assemblée générale a lieu à 8 h. 1/2, salle des Ingénieurs civils, rue Blanche. La salle d'Athènes aurait, en effet, été trop petite pour contenir la foule des Congressistes.

M. Jacques Piou préside, entouré de MM. le duc d'Estissac, comte de Franqueville, membre de l'Institut, Néron, Guyot de Villeneuve, Villiers, Savary de Beauregard, Lamy, Ollivier, de l'Estourbeillon, de Gailhard-Bancel, Guichenné, Spronck, etc., députés ; MM. Joseph Menard et Denais, conseillers municipaux de Paris. Les membres du Comité directeur assistent en grand nombre à la réunion.

M. Piou salue les orateurs : MM. de Las Cases, sénateur de la Lozère, et Jules Roche, député de l'Ardèche, ancien ministre. Il le fait en termes d'une délicatesse élevée que l'Assemblée acclame longuement.

Voici cette allocution de M. Jacques Piou.

ALLOCUTION DE M. PIOU

M. LE PRÉSIDENT. — Mesdames, messieurs, la tradition veut que le Président présente à une Assemblée, les orateurs qui vont lui parler. Jamais je n'ai mieux compris combien cette tradition était une inutilité gênante. Il est des orateurs qu'il est presque puéril de présenter ; les nommer, cela suffirait et l'on devrait se taire. Mais, manquer à un usage serait commettre une inconvenance et je n'en veux pas commettre.

Les deux orateurs que vous allez entendre sont d'origine politique et de tendances d'esprit très différentes. Mais ils ont un trait commun : tous deux ont le secret de convaincre en charmant. (*Applaudissements.*)

L'un, M. de Las Cases, siège là-haut, au Luxembourg : dans ce cénacle que quelques-uns nomment la Haute-Assemblée, il tient avec autant de vaillance que d'éclat le drapeau sous lequel nous combattons tous. (*Applaudissements.*) Il l'honore et le fait honorer par son talent et par son caractère.

Dès qu'est en péril une de ces grandes causes, liberté politique, justice sociale, droit chrétien, il se lève pour la défendre et sa voix qui commande le silence aux grandes assemblées, soulève dans les rangs de nos amis une joie mêlée de fierté et dans les rangs de nos adversaires une émotion faite à la fois d'admiration et d'estime. (*Applaudissements.*)

L'autre, M. Jules Roche, qui siège avec nous au Palais-Bourbon, est la sentinelle avancée qui veille avec vigilance sur le trésor public de la France. (*Applaudissements.*)

Chaque fois qu'il voit apparaître un abus financier ou un sophisme économique, il accourt, jette le cri d'alarme et croise le fer. Le fer, c'est un langage d'une simplicité et d'une souplesse étonnantes qui illumine tout, jusqu'aux plus profondes obscurités des budgets truqués et qui fait comprendre ce que Milton a voulu dire, quand il a parlé « des ténèbres visibles ». (*Applaudissements.*)

Le fer, c'est un esprit aiguisé, servi par l'érudition la plus vaste, qui se meut dans l'analyse et l'abstraction avec une aisance stupéfiante, qui sait mettre toujours une idée derrière un chiffre et crée, sans s'en douter, une science nouvelle : la philosophie des finances. (*Applaudissements.*)

Mais je demande pardon à mes deux amis de dire un peu, très peu, de ce que je pense d'eux. C'est déjà trop parler, je les prie et vous prie vous-mêmes de m'excuser. Je me hâte de me taire et de leur donner la parole. (*Applaudissements.*)

M. de Las Cases expose alors la situation politique à la veille des élections. Il se demande éloquemment quel sort va être réservé à la France par la consultation électorale prochaine.

Voici le discours, très vivement applaudi, que le sénateur de la Lozère a prononcé :

DISCOURS DE M. DE LAS CASES

MESDAMES,

MESSIEURS,

Dans moins de six mois, la France aura la parole ; les électeurs nommeront une nouvelle Chambre des Députés. Les électeurs auxquels on dit tous les jours qu'ils sont les maîtres, et qui ne le sont en réalité qu'une seule fois en quatre ans, le seront ce jour-là. Ils auront entre leurs mains les destinées du pays.

De ces élections sortira ou bien une majorité semblable à l'ancienne et qui nous conduira, je ne dirai pas directement, mais sûrement vers ces abîmes profonds dont les noirceurs sont déjà entrevues par tous les regards avisés et perspicaces ; ou, au contraire, de ces élections sortiront des partis nouveaux ou, pour mieux dire, un parti de liberté qui essaiera de refaire l'édifice ébranlé et de rétablir avec la paix sociale, la liberté dans ce pays de liberté. (*Applaudissements.*)

Aucun Français ne peut, sans une véritable émotion, songer à ce que sera le verdict du mois de mai prochain. Aucun ami de ce pays ne peut songer à cette date sans avoir l'âme singulièrement angoissée et sans se demander quel sort est réservé à la France.

Si je venais aujourd'hui vous inviter à travailler en vue des élections, vous seriez en droit de me dire qu'il est un peu tard, à la veille même du combat. Les défaites s'improvisent, les victoires ne s'improvisent pas. Elles se préparent par un long et continuel effort.

L'Action libérale n'est pas une armée qui va se lever, qui va se recruter c'est une armée en marche ; et si vous êtes venus ce soir nous apporter, malgré le mauvais temps, l'appui de votre autorité et de votre sympathie, ce n'est pas pour recruter une armée, c'est pour donner à l'armée qui existe, un témoignage de votre affection, l'assurance qu'elle vous aura à ses côtés pour lutter ; c'est pour préparer avec nous le plan de bataille du dernier combat ; grâces à vous nous espérons, sinon remporter définitivement la victoire, du moins conserver nos positions et les améliorer. (*Applaudissements.*)

Aux prochaines élections, deux partis seront en présence :

D'un côté, le parti jacobin et de l'autre le parti libéral. C'est entre le jacobinisme et les libéraux que la lutte va s'engager.

Par jacobins, j'entends tous ceux qui veulent donner à l'Etat une puissance illimitée, tous ceux qui, momentanément maîtres de l'Etat ou espérant le devenir demain, veulent augmenter leur pouvoir en donnant à l'Etat un rôle sans bornes.

J'entends, par jacobins, à la fois l'extrême gauche socialiste et collectiviste, rêvant je ne sais quelle société, dans laquelle les hommes seraient divisés en deux équipes : d'un côté, les maîtres, les politiciens au pouvoir, et de l'autre côté tous ceux qui travailleront sous leurs ordres, ce qui faisait dire à un ouvrier ce mot si juste, qu'il ne voulait pas du collectivisme parce qu'il ne voulait pas être un numéro dans le bagne de l'Etat patron.

Puis, à côté de ces radicaux, qui essaient de monopoliser les services publics, qui rachètent les chemins de fer par économie, disent-ils, alors que, hélas ! au bout d'un an nous savons ce que valent ces économies, mais qui espèrent dans ces nouveaux services publics, dans ces nouveaux monopoles, trouver le moyen d'augmenter le nombre de leurs serviteurs, le nombre des électeurs sur lesquels ils pourront opérer leur pression et leur tyrannie (*Applaudissements*), ces radicaux, qui veulent, en s'emparant des jeunes générations, arriver à créer une mentalité nouvelle, grâce à laquelle ils espèrent aussi recruter de nouveaux électeurs, en face de tous ces jacobins se dressent tous ceux qui, au contraire, rêvent de liberté, qui estiment que ce qui fait la force d'une nation, c'est l'énergie même de ses membres et que, pour conserver cette énergie, il est indispensable de ne pas opprimer les pensées sous la tyrannie d'un Etat. Tels sont ceux qui doivent combattre ensemble et sous le même drapeau.

On nous dit : il y a, entre vous et vos adversaires, une grande différence. Vos adversaires, les jacobins, peuvent être momentanément désunis, mais, au dernier moment, ils s'unissent toujours, parce que, entre eux, il n'y a, pour employer le mot d'une comédie, qu'une petite différence, la différence de leurs convictions et c'est si peu de chose ! (*On rit.*)

Vous, au contraire, vous vous battez sans cesse.

Messieurs, nous ne serions pas des libéraux, si nous n'admettions pas que, dans une armée, il peut y avoir des uniformes divers, des armes, des méthodes de combat différentes : l'infanterie qui s'avance tranquillement, l'artillerie qui combat de loin, la cavalerie qui se précipite, il y a même quelquefois des chevau-légers. Mais qu'importent les différences d'uniforme, si le drapeau est le même et si, sur ce drapeau, sont écrits ces mots : respect de la liberté.

Je suis sûr qu'au moment de la bataille, tous se réuniront, combattront la main dans la main ; car lorsqu'il s'agit, comme au mois de mai prochain, de l'avenir de la France, ne pas combattre n'est pas seulement une lâcheté, mais une désertion et une trahison. (*Applaudissements.*)

Ce que nous devons faire, c'est indiquer très nettement au pays quelles sont nos idées, quel est notre programme, ce que nous désirons et ce que nous voulons faire.

L'Action libérale populaire : son nom indique son programme tout entier en trois mots, elle a dit ce qu'elle voulait être, ce qu'elle serait.

Nous sommes d'abord un parti d'action ; nous sommes de ceux qui veulent agir ; nous ne croyons pas que la suprême sagesse et la suprême philosophie consistent à se plaindre et à se lamenter ; nous n'avons que peu d'admiration pour les attitudes penchées ; nous n'aimons pas les saules pleureurs ; les saules pleureurs n'abritent que des tombeaux et nous croyons à la vie, au renouveau, à la renaissance de la France. (*Applaudissements.*)

Nous ne sommes pas des critiques toujours habiles quand il s'agit d'empêcher une réforme, toujours impuissants quand il s'agit de substituer à un abus une réglementation nouvelle.

Toutes les fois qu'on nous propose un projet de loi nouveau, nous l'examinons ; de quelque parti qu'il vienne, s'il est bon, nous l'acceptons, s'il est mauvais, nous disons pourquoi ; s'il y a quelque chose de mieux à faire, nous nous empressons de l'indiquer et de le voter.

Nous avons, à côté de nous et avec nous, des jeunes gens qui sont venus à nous non pas par esprit d'arrivisme — ils se seraient bien trompés, s'ils avaient été guidés par de semblables sentiments — mais qui sont venus à nous parce qu'après avoir étudié, après avoir réfléchi, ils ont compris que la liberté et la vérité étaient de notre côté, parce qu'ils ont au cœur cette conviction généreuse qu'il existe quelque chose de plus beau que la victoire par toutes sortes de procédés ou de compromissions..... Ils luttent pour ce qu'ils croient être le bien de la France, dussent-ils, momentanément, succomber et n'arriver qu'après avoir reçu bien des blessures, à la victoire définitive.

Ces jeunes gens savent quel respect et quelle affection nous avons pour eux. Ils savent que nous, les vieux, n'avons qu'un désir, c'est de leur céder la place et si jamais nous occupions le pouvoir, ils seraient les cadres rajeunis de cette armée nouvelle.

Si nous combattons aujourd'hui, c'est pour eux. Nous nous disons que, peut-être, nous n'arriverons pas à vaincre au premier assaut, mais, selon la belle expression de M. Piou, nous sommes décidés à faire fascine pour combler les fossés, afin de permettre à nos amis d'emporter la place au nom de la vérité et de la liberté. (*Applaudissements.*)

On se plaît à nous dire : Vous, Action libérale, qu'avez-vous donc fait, qu'avez-vous donc édifié !

Quand c'est un radical qui nous tient un pareil langage, nous lui répondons : Et vous, monsieur le radical, monsieur du Gouvernement, qu'avez-vous donc fait, qu'avez-vous donc édifié !

Il y a quelques années, quand on tenait ce langage aux radicaux de la Chambre ou du Sénat, ils avaient une réponse facile à nous opposer. Ils nous disaient : Sans doute, nos programmes, nous ne les avons jamais entièrement mis à exécution ; mais c'est que nous n'avons jamais été au pouvoir, c'est que le pouvoir a toujours été entre les mains des progressistes et si un certain nombre de nos amis arrivaient au ministère, ils étaient noyés dans un élément différent et, ainsi, il nous était impossible de mettre à exécution le programme radical ; mais nous ne pouvons pas être rendus responsables d'une faillite dont nous ne sommes pas les auteurs.

Cependant, au mois de mai prochain, messieurs les radicaux diront qu'il faut voter pour eux, parce qu'ils ont accompli leur programme, et nous aurons le droit de leur faire passer un examen devant le suffrage universel ; nous aurons le droit de leur dire : Vous êtes au pouvoir depuis huit ans ; vous avez été omnipotents, vous avez eu, pour vous soutenir, une Chambre qui était, je ne dirai pas d'une servilité, mais d'une complaisance, d'un dévouement sans bornes. N'a-t-on pas vu, ces jours derniers, la Chambre, à quelques minutes d'intervalle, voter une réforme et voter contre cette réforme ! n'hésitant pas à faire, la mort dans l'âme, ce que lui demandait le ministère, déclarant exécrable ce qu'elle proclamait excellent une demi-heure auparavant. (*Applaudissements.*)

Il y a eu trois ministères radicaux.

Le premier a été celui de M. Combes ; il est de ceux qui ont le plus duré. M. Combes a été omnipotent et tout-puissant sous la Franc-Maçonnerie qui lui dictait ses résolutions, qui lui préparait ses projets de loi et les lui faisait voter.

Mais quels édifices M. Combes a-t-il élevés ? Je vois bien les ruines qu'il a entassées et l'histoire considérera ce ministère comme un des plus néfastes que la

France ait jamais connus. (*Applaudissements.*) Mais il ne suffit pas d'abattre. Lorsqu'on démolit une maison, il faut immédiatement élever à sa place un abri plus vaste, plus sain et plus sûr. En effet, lorsqu'on se borne à renverser ce qui existe sans rien mettre à la place, on est un vandale, on n'est pas un civilisé. (*Applaudissements.*)

Qu'a donc fait le ministère de M. Combes ? Il a été hypnotisé, pendant quatre ans, par une pensée unique, par une pensée néfaste, la persécution de l'idée religieuse et de la religion catholique. Il y a donné tout son temps, tous ses efforts et il n'a même pas réussi : l'idée catholique n'est pas plus malade aujourd'hui qu'elle ne l'était auparavant. On a jeté par terre les congrégations, on a rompu le Concordat, on s'est vanté que c'en était fait du catholicisme en France et voilà que l'idée religieuse est comme rajeunie, comme délivrée des entraves qui semblaient la ligotter ; elle est en pleine renaissance et, pour employer encore un mot de M. Piou, à la place du Concordat entre l'Eglise de France et les pouvoirs, il y a un Concordat entre l'Eglise de France et le peuple qui voit, dans l'Eglise, le défenseur de ses libertés et de ses droits. (*Applaudissements.*)

M. Combes a eu perpétuellement les regards fixés sur ce point, et quand on lui disait : Prenez garde, si demain se produit une complication avec l'étranger, nos places fortes ne sont pas protégées, nos canons ne sont pas montés sur les remparts, nous n'avons pas, dans nos forteresses et dans nos arsenaux, les obus et les munitions nécessaires, M. Combes se bornait à répondre : L'armée n'a jamais été plus forte ; nous la faisons surveiller par les délégués ; pas un officier ne peut aller à la messe sans que nous le sachions au ministère. (*On rit.*)

Quand on lui disait : Prenez garde, la marine, qui est indispensable dans un moment de conflit pour venir au secours de nos colonies — sans elle nos colonies n'existeraient pas — vous l'avez livrée aux mains d'un bohème dont M. Donmer disait qu'il était un péril national, M. Combes répondait : La marine, mais elle n'a jamais été plus florissante ; je viens de chasser tous les frères enseignants et j'ai fermé 1.400 écoles de congréganistes.

Lorsqu'on lui disait : Prenez garde ! vous mettez les finances de ce pays dans un triste état ; que deviendrions-nous, demain, en présence des difficultés extérieures ou d'une crise quelconque ? M. Combes répondait : Que me parlez-vous de dangers ; ce ne sont là que des chimères ; la France est plus prospère que jamais, j'ai eu raison de la papauté et je viens de rompre le Concordat.

Voilà ce qu'a fait le grand ministère radical. Quant aux réformes ouvrières, aux réformes sociales, pendant ses quatre ans de ministère, il n'en a pas été voté une seule et ce n'est pas nous, messieurs, qui tenons ce langage, c'est M. Millerand qui, président de la Commission du Travail à la Chambre des Députés, se plaignait que les projets préparés par cette Commission n'arrivaient jamais à l'ordre du jour du Parlement et que le ministère s'efforçait, par tous les moyens possibles, de lui refuser tous les renseignements qu'elle demandait.

J'ai donc bien le droit de dire que ce grand ministère radical, qui a duré quatre ans, a renversé bien des choses, mais qu'il n'a rien restauré, qu'il n'a rien mis debout. (*Applaudissements.*)

Voyons, maintenant, le ministère de M. Clemenceau. M. Clemenceau est arrivé au pouvoir avec des idées nouvelles. Il avait passé sa vie à démolir. Il s'est dit qu'il serait original de le voir à sa soixante-dixième année, restaurer quelque chose ; et il a pensé que son génie n'était pas impuissant à accomplir ce tour de force.

Qu'a-t-il donc restauré ? Il s'était flatté, par la séparation des Eglises et de l'Etat, d'établir la paix religieuse et de l'établir dans ce qu'il appelait un régime avantageux et à l'Eglise et à l'Etat.

Nos monuments publics ont été décorés pendant des semaines, pendant des mois, de grands placards, disant que jamais séparation au monde n'avait été plus libérale que celle votée par le ministère précédent. En effet, cette séparation était l'œuvre d'un des membres du Cabinet ; il n'est pas étonnant qu'il la trouvât excellente.

Mes petits sont mignons,
Beaux, jolis et bien faits entre leurs compagnons,

Mais cette paix religieuse n'a pas existé et ne pouvait pas exister. Elle consistait, après avoir dépouillé l'Eglise, à dépouiller les morts, et quand j'entendais dire que jamais statut des Eglises et de l'Etat n'avait été plus libéral, je me demandais dans quel royaume situé aux confins de la Patagonie, on avait pu instituer un régime plus détestable.

J'ai étudié avec le plus grand soin le régime des rapports entre l'Eglise et l'Etat dans les différents pays du monde civilisé et j'affirme qu'il n'existe pas une loi plus détestable, plus spoliatrice et moins libérale que la nôtre. (*Applaudissements.*)

Mais la paix sociale, M. Clemenceau peut-il dire qu'il l'a faite, plus que la paix religieuse ? Nous avons eu sous son ministère des grèves importantes. Nous avons même vu, ce qu'on n'avait pas vu jusqu'alors, une grève de fonctionnaires qui a été sur le point d'amener une révolution. Je sais bien que M. Clemenceau s'est montré fort habile. A la Chambre, il a eu le courage d'un homme d'Etat et il en a parlé le langage. Dans son cabinet, il a parlé un langage différent. Il a été comme le dieu Janus, souriant des deux côtés. Mais son attitude était bien différente : « Soyons amis, Subra, c'est moi qui t'en conjure », comme le disait spirituellement M. Charles Benoist, voilà ce qu'il disait, dans son cabinet. A la Chambre, il disait : « Je ne céderai pas un pouce de mon autorité. »

M. Clemenceau aurait bien voulu nous montrer la massue d'Hercule, mais, hélas ! nous n'avons aperçu que la batte d'Arlequin. (*Applaudissements et rires.*)

Rien n'a été restauré sous son ministère, pas même la marine. Et quand, dans son duel avec M. Delcassé, M. Clemenceau, revenant à ses anciennes habitudes, s'est enferré et renversé lui-même, la marine n'en a pas été sauvée.

Nous voici sous le troisième grand ministère radical, sous le ministère de M. Briand.

Il nous est bien difficile, ce ministère ayant encore trop peu duré, de savoir ce qu'il édifiera. Cependant, il me semble que, déjà, nous pouvons être sûrs qu'il n'ira pas très loin dans la voie des réformes utiles. Ici, je dois vous faire un aveu, j'allais dire une confidence, un peu ridicule.

Quoique sénateur, je suis très naïf et je prête volontiers aux hommes au pouvoir toutes les qualités imaginables. J'ai reconnu — qui donc ne l'a pas reconnu ? — dans M. Briand, un orateur incomparable. Il semble avoir hérité du miel de l'Hymette. Quand on l'a entendu, on comprend ce qu'étaient ces grands rhéteurs de la République Athénienne qui, tour à tour et indifféremment, soutenaient et rendaient vraisemblables les thèses les plus opposées.

Je m'étais dit qu'il y avait dans ce grand orateur l'étoffe d'un homme d'Etat, qu'il était depuis trop peu de temps au pouvoir pour être ligotté aux anciens partis et qu'il avait assez vu les défauts du Gouvernement radical pour essayer de gouverner autrement.

Lorsque j'ai lu le discours de Périgueux, où il prêchait l'apaisement entre tous les bons citoyens, j'ai été sur le point non seulement de l'applaudir, mais de lui tendre les deux mains. Je n'ai pas pu lui serrer les mains, elles étaient occupées à fouiller dans la poche des catholiques et elles étaient remplies de l'or des congrégations et de l'Eglise. (*Applaudissements et rires.*) Je me suis dit alors, qu'il les retirerait assez à temps pour que je puisse les prendre. Hélas ! il ne les a pas encore retirées, mais ce qu'il a retiré, c'est le discours de Périgueux. (*On rit.*) Il n'en reste plus rien. Les groupes de gauche se sont réunis ; ils ont demandé des explications qui ont été données et qui étaient des désaveux. Ils ont demandé des éclaircissements et ces éclaircissements ont été le renversement de ce qui avait été dit.

M. Briand avait déclaré qu'il voulait rétablir la paix entre les bons citoyens. Il avait même dit : Si j'essayais de rester au pouvoir un seul instant, en suscitant la guerre entre les Français, je ne ferais qu'un misérable.

Puis il s'est trouvé en présence des radicaux qui lui ont objecté : Qu'avez-vous donc voulu exprimer par là ? Si nous cessons la guerre, nous n'avons plus de raison d'être, nous n'aurons plus de programme. Vous avez demandé qu'on cesse la guerre religieuse ; mais nous n'avons jamais eu d'autre pensée ; c'est sur elle que nous avons vécu depuis trente ans ; ce n'est pas à notre âge qu'on change ses idées ; nous en sommes incapables. Vous ne voulez plus de mares croupissantes, mais où donc barboterons-nous si vous les supprimez ? (*Applaudissements.*)

Alors M. Briand a répondu : Mais vous m'avez mal compris, et il a capitulé. Oh ! il avait prévu sa capitulation; il avait eu soin de dire : Je vais faire un discours, et un discours ce n'est pas grand'chose.

Non, un discours n'est pas grand'chose quand il ne doit pas être suivi d'effet, quand il apporte des promesses ou des affirmations qu'on sait très bien ne pas devoir tenir. Un discours est cependant quelquefois une action quand il émane d'hommes comme vous, mon cher Président, comme vous, Monsieur Jules Roche, d'hommes qui par leur caractère et par leur passé donnent à leurs paroles de la force et de l'autorité. (*Applaudissements.*)

Parti d'action, nous voulons aussi et surtout être un parti de liberté.

La liberté est un mot qu'on voit partout. Messieurs les radicaux l'emploient plus souvent encore que nous. Ils veulent, disent-ils, la liberté, mais nous la connaissons, la liberté radicale ; ils sont pleins de bonne foi quand ils parlent de liberté, mais ce qu'ils veulent, c'est uniquement la liberté de penser comme eux et surtout la liberté de voter pour eux et pour eux seuls.

Voilà la liberté radicale.

Nous pensons différemment ; nous trouvons tout naturel qu'on n'ait pas nos idées ; nous estimons qu'il n'y a qu'un moyen de faire entrer ses convictions dans le cerveau de ceux qui pensent autrement que nous, c'est la libre et courtoise discussion.

La liberté, nos adversaires l'aiment si peu qu'ils n'ont qu'un rêve, c'est d'obliger enfin tous les Français à penser comme eux, c'est d'arriver à couler tous les cerveaux dans le même moule, le moule de leur mentalité, de ce qu'ils appellent la mentalité laïque. Vous savez ce qu'ils ont fait pour cela ; vous connaissez toute cette série de lois sur lesquelles je ne veux pas revenir et par lesquelles depuis bien des années ils se flattent d'avoir conquis l'esprit et l'âme des enfants de France.

Ils espéraient en avoir fini avec nos écoles par les impôts dont ils les ont frappés et par leurs lois qui ont chassé les congréganistes malgré tous les services rendus. Mais voilà que ces écoles restent debout. Et alors ils ont imaginé cette monstrueuse œuvre de réaction qu'on appelle le monopole de l'enseignement primaire. Dans ce but, un projet de loi va être, s'il ne l'est déjà, déposé à la Chambre et il sera voté si la Chambre future ressemble à celle d'aujourd'hui. Et ainsi sera supprimée la liberté d'enseignement.

Voilà ce qu'ils entendent par le progrès, par la marche en avant vers une humanité meilleure et plus consciente.

Mais la liberté d'enseignement fait chaque jour des progrès. Elle est dans notre vieille tradition française. De 1789 à 1800 on a discuté cette question du monopole de l'enseignement. Relisez ces discussions et vous y verrez tous les hommes d'État dignes de ce nom se prononcer pour la liberté d'enseignement.

Voyez ce qui se passe à l'heure actuelle dans les pays voisins. Partout l'enseignement devient plus libre, partout les États estiment que dans la lutte contre l'ignorance il faut faire appel aux efforts de tous et que chacun doit être libre de mener cette lutte comme il lui convient et de donner à ses enfants l'instruction et l'éducation qui lui conviennent.

Ce n'est pas seulement en Belgique où un Gouvernement est tombé pour avoir essayé d'établir une sorte de monopole de fait de l'enseignement ; c'est encore aux Etats-Unis où la liberté est complète, c'est en Angleterre où les écoles de toutes les confessions sont également subventionnées par l'Etat. C'est en Hollande où on a fait sur ce terrain une entente entre les protestants et les catholiques. Et c'est au nom du progrès qu'on voudrait aujourd'hui revenir en France au monopole de l'enseignement.

On nous dit : C'est vous qui l'aurez voulu ; si le monopole est établi, prenez-vous-en à vos évêques ; c'est à la lettre des évêques qu'il est dû.

Ce coup là — permettez-moi d'employer cette expression — on nous l'a déjà fait au moment de la séparation ; mais on ne nous le fait pas deux fois.

On disait à cette époque que la papauté avait été cause du vote de la loi de séparation, alors que depuis vingt-cinq ans la séparation était dans tous les programmes maçonniques. M. Ribot est alors monté à la tribune, a jeté par terre ce sophisme en montrant la valeur de ce mensonge historique.

Aujourd'hui, on nous dit : C'est la lettre des évêques qui amènera le monopole de l'enseignement, alors que depuis vingt ans, les loges — cette sorte de Conseil d'Etat officieux où s'élaborent les lois que votent servilement la Chambre et le Sénat — réclament ce monopole comme le seul moyen d'assurer l'omnipotence de la franc-maçonnerie.

On incrimine la lettre des évêques parce que ces gens qui se disent libres-penseurs ne supportent pas la pensée libre de ceux qui ne pensent pas et qui ne jugent pas comme eux.

Je n'insiste pas sur cette lettre elle-même ; je rappelle seulement que, chefs d'une hiérarchie catholique, les évêques avaient le droit de dire aux pères et aux mères de famille ce qu'ils pensaient de certaines tendances, de certains manuels. Ils l'ont dit dans un langage que je n'ai pu entendre sans émotion. Je faisais une campagne électorale, c'est le fait des hommes politiques que de se présenter à un grand nombre d'élections lorsqu'ils ont été élus une première fois ; j'étais, sans trop de crainte d'être traité de clérical, dans l'église d'un pauvre village, où se trouvaient également la plupart de mes électeurs ; le curé nous a lu cette lettre ; j'y remarquai un style plein de noblesse, de dignité, de fermeté.

Jules Ferry avait promis, solennellement promis qu'il ne serait fait aucun empiétement sur la conscience religieuse des enfants. Ce que les évêques demandent, c'est qu'il ne soit aucunement empiété sur la conscience religieuse des enfants. C'est l'application de la loi que les évêques réclament, rien de plus ; ils la réclament non pas pour eux, mais pour les pères de familles auxquels ils disent : Veillez et ne permettez pas que l'âme de vos enfants soit souillée par une éducation et un langage qui ne sont pas dignes.

Je ne comprends pas que dans un pays de liberté on puisse attaquer un pareil langage.

Loin de moi la pensée de faire des généralisations coupables et calomnieuses. Dans des questions comme celle-là, je n'ai jamais pris la parole sans dire tout haut ce que je pense de la grande majorité des instituteurs publics. Je connais beaucoup d'instituteurs braves et dignes qui se font de leur mission modeste, mais si grande et si noble, une juste idée. Je sais que nombreux sont ceux qui veulent former l'âme des enfants, qui ont conscience que ce qui leur est confié, ce sont les générations de l'avenir, et qu'ils ont à pétrir le cerveau même de la France. Devant ces instituteurs laïques, je m'incline toujours avec respect et reconnaissance. (*Applaudissements.*) Mais il y en a bien aussi quelques-uns qui ont été — comment dirai-je — gangrenés par un certain virus ; si on se plaint de quelques instituteurs, on n'a pas toujours tort. Un certain Morizot est resté célèbre dans cet ordre d'idées.

Il existe des revues pédagogiques assez étranges que je me suis imposé la mission de lire, et qui prêchent la lutte de ce qu'elles appellent les trois calottes : l'armée, le clergé et les capitalistes.

Certains manuels ont une façon curieuse d'expliquer l'histoire ; ils semblent faire remonter toutes nos gloires nationales à M. Combes et tenir pour rien tout ce que nos ancêtres ont fait.

Contre de pareilles tendances, les évêques n'avaient-ils par le droit de protester ? Je dis que s'ils avaient gardé le silence ç'eût été de leur part, un acte de complaisance et de lâcheté ; ils auraient manqué à leur mission et leur devoir. (*Applaudissements.*)

On dit qu'ils seront poursuivis. Eh bien ! si on les poursuit, nous serons à leurs côtés ; quand on les accusera, nous les défendrons devant les tribunaux, devant les jurés et nous sommes sûrs qu'on ne trouvera pas, dans n'importe quel département, douze jurés qui consentiront, en condamnant la lettre des évêques, à condamner la liberté de pensée et de conscience. (*Applaudissements.*)

On nous a dit : Prenez garde ! si vous regardez de trop près notre enseignement, nous, nous irons regarder le vôtre.

Nous répondrons à ceux qui tiennent ce langage : Venez donc le regarder, notre enseignement ; nous ne craignons point cet examen, nous vous le demandons. Vous verrez ce que, dans nos écoles, hier congréganistes, aujourd'hui sécularisées, on apprend aux enfants. Vous verrez que nous leur apprenons pour morale, la morale universelle, la morale du décalogue, l'amour des parents, le respect filial, l'amour du prochain, la générosité et la charité. Au point de vue civique et patriotique, nous leur montrons la France telle qu'elle était ; nous estimons que ceux qui nous ont précédés ont pu commettre des fautes — qui donc n'en a pas commis ! — mais ils ont eu une grande et noble pensée, ils ont aimé leur pays. Nous montrons aux enfants que ce royaume qu'on disait le plus beau du monde a été pétri par ceux qui nous ont précédés, qu'il n'y a pas un champ en France, pas une fleur dans ces champs qui n'ait coûté à nos aïeux une sueur, qu'il n'y a pas un coin de terre qui n'ait coûté une larme et un peu de leur sang.

Nous disons aux enfants : c'est faire œuvre antipatriotique que de ne pas tenir compte des efforts des générations précédentes, et que les juger avec les passions de l'heure présente, serait permettre à nos descendants de nous juger plus sévèrement encore et de nous condamner impitoyablement. (*Applaudissements.*)

Enfin, nous sommes une Action populaire. Nous voulons dire par là que nous entendons mettre au premier rang de nos préoccupations les réformes destinées à améliorer le sort du plus grand nombre. Nous pensons que celui qui travaille a bien droit à quelque commisération, qu'il faut se préoccuper de son sort et que c'est là œuvre de justice.

Nous ne faisons pas comme certains flatteurs qui essaient de mettre d'un côté le capital et de l'autre le travail, et d'exciter le travail contre le capital. Nous pensons que le capital et le travail sont tous deux utiles à la production de la richesse ; nous disons que celui-là aura trouvé la solution de la question sociale, qui, dans le produit du capital et du travail, pourrait déterminer la part qui appartient au capital et celle qui appartient au travail et donner au capitaliste et au travailleur une situation sociale correspondante aux services rendus par chacun. Ce n'est pas facile. Mais nous pensons que, dans les conflits entre le capital et le travail, l'État ne doit que rarement intervenir. Il ne doit intervenir que lorsque cela est indispensable, car, en agissant autrement, il risque souvent de faire plus de mal que de bien. Cependant, nous pensons que nous ne devons pas nous enfermer dans une orthodoxie économique trop étroite.

Il suffit, quelquefois, d'un mot pour diminuer une souffrance. Nous n'hésitons pas, alors, à dire ce mot et nous croyons que, dans certaines circonstances, l'État a, non seulement le droit, mais encore le devoir, d'intervenir. Mais nous ne sommes pas, pour cela, des énergumènes, des anarchistes.

Un journal d'ordinaire plus sérieux, rendant compte des séances de ce Congrès, a dit que l'Action libérale populaire était une démagogie cléricale. Il disait cela, parce qu'au cours d'une discussion, — il s'agissait de savoir si les employés de l'État avaient le droit de faire grève — un membre de l'Action libérale avait émis l'idée qu'il y avait peut-être une distinction à faire entre ce que les hommes, aujourd'hui au pouvoir, ont appelé les fonctionnaires d'autorité et les fonctionnaires de gestion. Cet orateur disait que, pour les fonctionnaires détenant une partie de l'autorité publique, aucune grève n'était possible, mais que les fonctionnaires de gestion, véritables employés d'un Etat qui a un peu trop le désir de se faire patron, devaient avoir le droit de se défendre comme les autres employés contre leur patron et de se mettre en grève. C'était là une opinion isolée, ce n'était pas l'opinion du Congrès.

Le Congrès, en effet, dans cette séance, a déclaré que tout fonctionnaire doit être considéré comme collaborant à un service public et qu'à ce titre il n'a pas le droit de se mettre en grève, mais qu'en revanche on doit lui donner des compensations et des sécurités. Quoi qu'il en soit, il y a eu, parmi nous, un homme, un prêtre qui a fait la distinction très raisonnable que j'ai indiquée, entre les fonctionnaires de gestion et les fonctionnaires d'autorité. S'emparant de cette opinion isolée, on nous a dit : Vous êtes une démagogie cléricale.

Eh bien ! messieurs, je connais quelqu'un qui est un démagogue clérical, car il a fait exactement la même distinction. J'ai lu, dans un rapport, à propos du droit de posséder des syndicats, qu'il fallait bien reconnaître que les employés de l'Etat patron devaient avoir les mêmes droits que les autres employés.

Un jugement du tribunal correctionnel a refusé à des employés d'une grande société de salubrité nocturne qui s'appelle la Société Richer, le droit de se syndiquer et de se mettre en grève, parce qu'il a considéré que c'était là un service d'hygiène. L'avocat qui avait plaidé pour les syndiqués et qui avait perdu son procès, a déclaré que c'était là une déplorable distinction. Mon Dieu ! quel est l'avocat qui, ayant perdu un procès, ne trouve pas déplorable la décision qui a été rendue ! J'en prends à témoin mon confrère Me Menard, je vous assure qu'il ne dira pas le contraire. Il est vrai qu'il a peut-être pour cela une raison, c'est qu'il gagne tous ses procès. (*On rit.*)

Cependant, il est un homme politique qui, examinant cette question dans ce livre, a dit : La décision du tribunal correctionnel est une décision déplorable. Il ne faudrait pas qu'une jurisprudence monstrueuse comme celle-là eût un lendemain.

Le voilà bien, le démagogue clérical ! Demandez moi son nom, je ne vous le dirai pas ; il est ministre de la justice à l'heure actuelle et je ne veux pas lui causer de chagrin. (*On rit.*)

Nous ne sommes pas des démagogues, mais nous sommes des amis du peuple et de ses justes revendications. Nous avons pour principe qu'il faut venir à son aide, qu'il a droit à la retraite. Nous pensons que le travailleur doit toujours pouvoir vivre du travail de ses mains.

Voilà pourquoi nous nous sommes toujours mis à la tête de toutes les réformes qui, dans cet ordre d'idées, tout en étant sages et prudentes, pouvaient avoir une efficacité quelconque.

Ce que nous avons fait hier, nous le ferons demain. Notre programme, nous le continuerons. Nous ne serons pas des démagogues, mais des démocrates aimant notre pays, aimant ces hommes laborieux, ces travailleurs, qui font une partie de la fortune de la France. Nous voulons par eux arriver à une justice sociale plus grande : par le concours de toutes les bonnes volontés, à la paix dans la liberté commune ! (*Applaudissements vifs et répétés.*)

M. Jules Roche prend ensuite la parole. Dans un discours très substantiel, d'une clarté impressionnante, il analyse la situation financière, montrant la progression constante des dépenses, dont le montant constitue un total véritablement écrasant pour le pays.

Voici d'ailleurs ce discours :

DISCOURS DE M. JULES ROCHE

MESDAMES,
MESSIEURS,

Lorsque notre honorable Président, mon excellent ami M. Piou, m'a fait l'honneur de m'inviter à prendre la parole devant vous pour vous exposer la situation financière actuelle de la France, j'ai accepté avec un véritable empressement, non point seulement par amitié pour lui et pour un grand nombre de ses collaborateurs, mais aussi parce que je comprends de plus en plus combien il est important et nécessaire, pour chaque citoyen français, de se rendre compte exactement de cette situation tant en raison de l'importance particulière immédiate de la question économique elle-même, qu'en raison de ses conséquences dans tous les domaines de la vie politique et nationale.

Je répondrai ainsi en même temps à une interrogation qui ne s'adressait point à moi et que formulait tout à l'heure dans son éloquent discours, mon honorable ami et collègue de l'autre côté de la montagne, M. le sénateur Las Cases, quand il disait, dans une prosopopée adressée aux radicaux-socialistes et aux jacobins : « Qu'avez-vous fait ? »

Il y a une dizaine d'années, les radicaux-socialistes répondaient volontiers : « Comment voulez-vous que nous ayons accompli des prodiges puisque nous ne sommes pas les maîtres ! »

Ils le sont depuis 1898, sans limite, sans frein. Eh bien, jetons un coup d'œil rapide sur leur œuvre financière dans ces dix dernières années.

Ce n'est point que le péril financier n'ait pas commencé auparavant. Je me rappelle avoir signalé à la tribune de la Chambre en 1886, il y a 23 ans, le danger que courait la France par suite de la méthode adoptée pour diriger ses finances. Les choses, loin de s'améliorer, se sont, au contraire, aggravées d'année en année, par les mêmes fautes, les mêmes causes dont je dirai un mot dans quelques instants.

Je vais d'abord préciser les faits et, suivant la seule méthode d'observation qui soit exacte, les déterminer avant de chercher les lois qui les régissent.

L'état de nos finances est devenu si inquiétant que les hommes les plus portés par leur esprit et leur caractère, vers l'optimisme, se sont vus contraints à parler comme je l'avait fait il y a 23 ans. Ceux-là n'étaient pas suspects comme moi qui n'ai que le tort d'avoir été républicain toute ma vie, donc mal placé pour défendre les intérêts de la République aux yeux de ceux qui en ont fait l'instrument le plus formidable qui ait jamais existé dans le passé d'un despotisme monstrueux. Et c'est pourquoi, quand je m'efforce de démontrer à la Chambre que le déficit n'est pas la plus-value, ma démonstration est suspecte au point de vue politique (*Vifs applaudissements.*)

Mais d'autres, je le répète, sont plus heureux et ont le droit de parler. Ils ont exprimé leurs craintes, beaucoup mieux que moi, sans doute, et c'est en citant l'opinion de ces hommes politiques que j'ai commencé tout dernièrement un discours à la Chambre. C'est ainsi que j'ai été amené à rappeler les observations décisives que présentait, en 1895, M. Cochery, alors rapporteur général du Budget de 1893, sur les dangers de l'augmentation des dépenses.

Dans son rapport, celui-ci s'exprimait en ces termes :

« Et cependant, nos dépenses ne peuvent progresser avec une rapidité
» qui dépasse la plus-value des recettes, qui absorbe pour les dépenses ordinaires,
» les ressources qui eussent dû être réservées à l'allègement de notre dette et à des
» incorporations nouvelles. Mettre un terme à ces accroissements des dépenses est
» une nécessité que nul ne saurait méconnaître. »

Et l'année suivante, en 1895, M. Cochery, encore rapporteur général du
Budget de 1896, résumant l'idée dominante de ce Budget, et la situation financière
publique, prononçait des paroles non moins décisives : « Nous dépensons trop. Pen-
» dant que nos recettes restent stationnaires, nos dépenses suivent une marche
» constamment ascendante. Aucun pays ne saurait résister longtemps à de pareilles
» augmentations de charges. Il faut nous arrêter si nous ne voulons pas compro-
» mettre gravement nos finances. »

Quelques années plus tard, M. Antonin Dubost, aujourd'hui Président au
Sénat, alors rapporteur général du Budget de 1900 ou de 1901, tenait un langage
analogue : « Il est clair que nous dépensons trop, que les charges du pays sont
» trop lourdes, que notre puissance économique, financière et militaire en est gra-
» vement affaiblie et que la situation financière où nous sommes ne permet pas
» d'accroître les dépenses de l'Etat sans dommage pour le pays. »

Telle était l'opinion de deux hommes qui ne peuvent être suspects aux
maîtres du jour. Les faits la justifiaient pleinement. Il suffit, pour s'en rendre
compte, de les exposer et de montrer quelle progression inquiétante les dépenses
publiques n'ont cessé de suivre depuis lors, surtout avec l'avènement au pouvoir
des radicaux en 1898.

Quelques chiffres faciles à retenir vous permettront d'apprécier cette situation financière.

L'ensemble des dépenses du Budget de 1896 dont le total faisait trembler
M. Cochery, s'élevait à 3 milliards 304 millions; si, pour employer des chiffres
comparables à ceux d'aujourd'hui, on fait disparaître les dépenses de l'Algérie qui
y figuraient alors et ont été mis à part depuis cette époque et si on tient également
compte des charges particulières de la Dette qui n'existent plus par suite de la
conversion faite en 1902 du 3 1/2 % en 3 %, soit, en tout 89 millions.

Ce Budget était déjà excessivement lourd, mais que pèse-t-il à côté du
Budget qui nous est soumis par 1910, lequel s'élève à 4 milliards 152 millions, plus
91 millions pour les Chemins de Fer de l'État qui ont été laissés de côté, mais qu'il
faut ajouter, soit, en tout, 4 milliards 243 millions ! Et ne doit-on pas s'effrayer de
cette augmentation des dépenses qui, en 14 années, a atteint 939 millions, presque
un milliard, rien que pour le Budget de l'État. Mais ce Budget n'est pas le seul qui
ait suivi cette marche ascendante.

Les finances du Département et de la Commune, devenues de plus en plus
difficiles à administrer à la suite des lois que l'État ne cesse de forger pour contraindre les budgets départementaux et communaux à participer à des dépenses
qui présentent un caractère essentiellement national et que le Budget de l'État
devra seul supporter, ces finances, dis-je, ont suivi la même progression.

Et comme ces divers budgets ne sont pas indépendants les uns des autres,
ne constituent pas des compartiments étanches, mais des vases communiquants
où les mêmes élévations et les mêmes abaissements se produisent, il en résulte, pour
le contribuable, des charges écrasantes dont voici une analyse rapide :

En 1896, le total des trois budgets s'élevait à la somme formidable de
4 milliards 289 millions alors qu'en 1910 il sera de 5 milliards 485 millions. Ainsi,
en 14 ans, l'augmentation totale pour les trois budgets aura été de un milliard
196 millions.

Que représentent ces chiffres colossaux !

On dit : « La France est riche » ; c'est certain et c'est heureux. Sa richesse
est évaluée à 150, 160, 180 et même 200 milliards suivant les uns ou les autres —

ce n'est pas moi qui retiendrai une de ces évaluations —, et se compose de valeurs mobilières et immobilières, de titres de rentes, de valeurs industrielles et étrangères.

Mais, comme ses dépenses ont augmenté de 1200 millions en chiffres ronds depuis 15 ans, sa richesse n'est donc pas de 200 milliards, mais seulement de cette somme moins le capital nécessaire à fournir ces 1200 millions, qui, à l'intérêt de 3 %, s'élève à 40 milliards environ.

Voyons maintenant le mouvement de la Dette. Nous allons retrouver ici la même progression inquiétante et régulière.

Quand on fut obligé, après la guerre, de procéder à des emprunts pour libérer le territoire et reconstituer le matériel et l'armement militaire, la Chambre proclama, comme le plus impérieux des devoirs, la nécessité d'amortir dans le plus bref délai ces emprunts considérables. L'amortissement fut, en effet, appliqué pendant quelques années ; puis on le négligea. Bientôt même, on augmenta annuellement le Budget et on procéda à des emprunts déguisés sous les formes les plus diverses qui, sans affecter la forme de l'emprunt de 5 milliards, n'en produisaient pas moins les mêmes résultats économiques et n'en grevaient pas moins le travail et la richesse du pays.

Car, il n'est pas discutable qu'il y a dette dès qu'un emprunt est inscrit au Grand Livre. Qu'on lui donne le nom que l'on voudra, qu'on l'appelle dette consolidée, remboursable ou amortissable, dette flottante ou viagère, ou encore qu'il s'agisse d'obligations sexagénaires, c'est toujours une dette et celui qui possède un de ces titres, est créancier de l'État.

Et, à ce sujet, on ne peut pas prétendre, comme certains orateurs s'obstinent à le faire à la Chambre et comme le faisait M. Caillaux, prédécesseur de M. Cochery, que la rente viagère n'est pas une dette perpétuelle. Elle est une dette viagère par le créancier individuel qui en bénéficie ; mais, quand ce créancier viager vient à mourir, il est remplacé par un autre et même par un créancier un quart ou un créancier et demi. Si bien que les créanciers de l'État sont de plus en plus nombreux et que l'on a le droit de dire que la dette viagère est une dette perpétuelle puisqu'elle augmente. (*Applaudissements.*)

Au temps de M. Cochery première manière, c'est-à-dire rapporteur général du Budget de 1895, la Dette, capitalisée avec le même coefficient que j'emploie aujourd'hui pour mes calculs, s'élevait à 40 milliards 169 millions. Actuellement, elle s'élève à 43 milliards 99 millions, soit, en 15 ans, une augmentation de 2 milliards 930 millions en chiffres ronds.

Là encore, comme pour le Budget, il convient d'ajouter la Dette des départements et des communes qui a suivi la même progression, puisque, en 15 ans, elle s'est accrue de 1 milliard 8 millions. Si nous ajoutons cette somme aux 2 milliards 930 millions d'augmentation de la Dette de l'État, nous constatons que l'augmentation totale de la Dette de l'État, des départements et des communes est de 3 milliards 946 millions.

A l'heure actuelle, le fardeau de la Dette est le suivant

Dette de l'État.	43.099.000.000
Dette des Départements et des Communes. . . .	4.824.000.000
Soit un total de	47.923.000.000

En chiffres ronds, nous pouvons donc dire que la Dette de la France est de 48 milliards, et M. Doumer, rapporteur général du Budget, avait raison de dire, en parlant de ce chiffre formidable : « C'est le plus lourd arriéré qu'aucune nation au monde connaisse. »

Cette augmentation de nos charges comprenant les dépenses du budget annuel et la Dette de la nation est le résumé matériel, mathématique, indiscutable de la gestion budgétaire du Gouvernement du Bloc depuis qu'il a pris le pouvoir et l'exerce sans partage. C'est la réponse à la question que vous posiez tout à l'heure, mon cher sénateur. (*Applaudissements.*)

Et ceci n'est qu'un commencement si l'on jette un regard sur les projets de loi déposés par les radicaux sur le bureau de la Chambre ou du Sénat.

Les conséquences de ces projets sont incalculables. Sous prétexte de réformes sociales, ils bouleversent l'état actuel des choses et détruisent les conditions nécessaires de la vie économique du pays et même, je puis le dire, de sa santé morale, parce que, en même temps qu'ils entraînent sa ruine matérielle et économique, ils ont pour conséquence inévitable d'affaiblir de plus en plus et de briser définitivement le ressort indispensable à toute énergie humaine et, par suite, de diminuer la valeur du peuple en diminuant le sentiment de sa responsabilité individuelle sans lequel il n'est pas de citoyens.

Ces projets sont de plusieurs ordres et ceux qui correspondent à ce chapitre du programme collectiviste qui s'appelle la nationalisation des moyens de production, ou, plus simplement, la nationalisation de tout travail de production et même de tout travail, doivent aujourd'hui surtout, retenir notre attention.

Les conséquences d'une grande œuvre, faisant partie de ce programme — je veux parler du rachat de l'Ouest — sont là pour en témoigner.

Nous avons combattu énergiquement le rachat de ce réseau, non au point de vue de la Compagnie elle-même ou de quelque Compagnie que ce soit, mais au point de vue de l'intérêt de l'État et du public lui-même, car on n'est jamais plus mal servi que par les monopoles de l'État. Nous considérions le rachat de l'Ouest comme nuisible à la fois au public et à l'État, comme anti-économique et anti-social. Nous tenant sur le terrain financier, nous avions dit que cette opération était onéreuse directement et indirectement pour le budget et qu'elle se traduirait par un déficit considérable.

On nous répondait : Comment ! mais vous ignorez donc les règles les plus simples du calcul élémentaire ! Le rachat de l'Ouest, mais il va enrichir le Budget, et faire bénéficier le public d'un service admirablement compris ; ce sera l'âge d'or des chemins de fer et le Budget fera une excellente affaire.

Nous avons été battus, après avoir failli être vainqueurs au Sénat ; car, par un de ces miracles laïques comme il s'en produit quelquefois dans les assemblées, la minorité s'est tout à coup trouvée changée en majorité et le Sénat a voté le rachat de l'Ouest.

C'est ainsi que cette loi a été votée et inscrite au *Bulletin des lois*.

Hier matin, on a discuté à la Chambre les conséquences immédiates du rachat chiffrées non plus par nous, mais par M. le Ministre des Finances et M. le Ministre des Travaux publics.

Nous les trouvons nettement déterminées dans le discours de M. Groussier, socialiste unifié. Ce n'est pas, en effet, un partisan du monopole capitaliste, ce n'est pas un défenseur de l'infâme capital ; il en est au contraire l'ennemi. Et voici ce qu'il dit (*Journal officiel*, contenant le compte rendu de la séance du 3 décembre 1909 paeg 3146) :

« Si, d'autre part, on regarde les annuités totalisées, on constate dans le rapport que, suivant qu'on considère la situation la plus défavorable ou la plus favorable, le coût total des annuités pour le rachat serait de 4.667 millions ou de 4.260 millions, alors que la convention ne nous forçait à dépenser en annuités qu'une somme de 4.400 millions..... »

Tels sont les chiffres officiels constatés, avoués, proclamés par M. Groussier. Et alors — c'est ici qu'il faut voir la leçon — ο μυϑος δηλοι οτι, disait le bon Esope quand j'étais au collège et n'est-ce pas encore vrai : cette fable enseigne que..... Ceci n'est pas une fable ; le *Journal officiel* enseigne que.....

Voici, par ailleurs, l'avis de M. Jaurès que je trouve dans son discours, même séance, page 3143. M. Jaurès s'épouvante, comme nous, devant ces 4 milliards qui sortent tout à coup du désert, et il s'écrie : Ces 4.667 millions, où les prendrons-nous ? Il y a un moyen bien simple, c'est de ne pas les payer. (*On rit.*)

Ce moyen, d'ailleurs, la Chambre l'a déjà employé lorsqu'elle a discuté la loi de dévolution contre laquelle nous avons combattu, contre laquelle nous avons voté.

Lorsqu'on s'est aperçu qu'en liquidant les biens des congrégations, des procès surgissaient de tous les côtés et que déjà un assez grand nombre de tribunaux avaient donné raison, par des jugements fortement motivés, aux réclamants, on a dit : «Au lieu du milliard annoncé à mettre dans les caisses de l'État, nous allons être obligés de débourser des sommes considérables. Il faut y remédier et nous armer.» Et, dans ce but, on a fait une loi pour dessaisir les tribunaux et on n'a pas craint de lui donner un effet rétroactif en déclarant que, désormais, tous ceux qui avaient commencé des procès les perdraient et que personne ne pourrait en intenter de nouveaux.

Tel est le moyen que M. Jaurès préconisa fort éloquemment au Ministre des Finances et au Ministre des Travaux publics.

Il s'est trouvé cependant que la Chambre n'a pas cru pouvoir entrer dans cette voie et que le Gouvernement s'y est opposé en disant : Ce contrat qui porte la signature de la France doit être exécuté, car, si nous voulions faire d'autres rachats, que deviendrait notre crédit ?

Mais prenons garde, les événements marchent. Bien des choses que nous avions considérées lorsqu'on a commencé à en parler, comme impossibles, ont paru, quelque temps après, moins impossibles, puis possibles, puis enfin, elles ont été accomplies.

Voilà à peu près trente ans sans interruption que je suis à la Chambre et depuis de longues années auparavant j'avais observé le mal que je vous signale plus grave chez nous qu'ailleurs. Ce mal commence également à sévir et à grandir partout. Un pays voisin du nôtre est depuis quelques jours le théâtre d'un drame dont nul ne peut savoir quel sera le dénouement. C'est le grand drame historique, le grand drame social qui s'est déroulé à toutes les époques dans tous les pays avec des péripéties diverses sous des costumes divers. Les acteurs ne parlent pas la même langue, mais c'est toujours le même drame, toujours le même cœur humain prompt aux illusions, crédule, et c'est toujours le même procédé de la part de ceux qui cherchent à fonder leur puissance ou leur gloire sur la crédulité humaine.

Nous avons vu de ces grands drames sociaux dans les petites républiques de l'antiquité et l'Empire romain s'est écroulé sous le coup et les contre-coups de ces erreurs économiques qui semblent aujourd'hui s'emparer de l'esprit des foules en Europe.

Tout ce que l'on nous propose, en effet, aujourd'hui, comme des remèdes nouveaux, comme des panacées souveraines, tout le programme des socialistes, ce furent, non pas des projets, des rêves de philosophes ou de poètes, mais des lois et des codes.

Et toujours, fatalement, infailliblement, ces erreurs ont produit les mêmes résultats, les mêmes ruines matérielles, les mêmes affaiblissements de la volonté humaine, transformant en instruments des hommes qui ne peuvent être véritablement « hommes » et faire quelque bien que par l'effort et la souffrance courageusement supportée. (*Applaudissements.*)

On a voulu faire croire aux peuples qu'il y a des moyens de les rendre heureux sans eux. Il n'est pas de pire et de plus funeste mensonge ! Personne ne peut recevoir d'autrui le bonheur, personne ne peut même le créer pour soi. Ce n'est pas notre rôle. Rendre parfois, pendant un moment, les hommes plus ou moins heureux, oui ; mais créer le bonheur par des lois, d'une façon définitive, sans le travail, sans la lutte, quel est donc ce rêve et quel est ce mensonge ! (*Applaudissements.*)

S'il y a des lois qui peuvent être bienfaisantes, parce que lois d'affranchissement, lois d'encouragement, d'amélioration indirecte, brisant les liens qui avant gênaient la liberté et la responsabilité des hommes, c'est qu'elles ont accru *ipso facto* chez le citoyen le sentiment de la nécessité de l'effort, c'est qu'elles l'ont obligé au travail salutaire et fécond, seule source sur terre de bien matériel et moral. Voilà les lois qu'il faut encourager, mais non celles qui traînent le citoyen à l'ergastule, le transforment en esclave antique, et en esclave non d'un maître unique, mais d'une foule anonyme mille fois plus redoutable que l'ancien tyran, parce que le tyran unique peut quelquefois s'endormir, tandis que, lorsque le tyran a mille têtes, il n'y a pas d'espoir qu'il n'y en ait toujours quelqu'une qui veille. (*Applaudissements.*)

Le seul moyen de conjurer la crise tant économique que financière qui menace la civilisation entière n'est pas un moyen simplement budgétaire. Ce n'est pas avec des vignettes sur des bouteilles plus ou moins ventrues qu'on résoudra le problème financier et économique. Il faut bien plus que cela, il faut une véritable révolution morale qui s'accomplira à une condition seule : à la condition que l'on rende aux hommes l'instrument de liberté, de travail et de responsabilité qui leur est nécessaire.

Et c'est le cas des citoyens de la République française qui n'ont ni droits garantis, ni Constitution véritable. -

J'ai essayé d'y remédier et, dans ce but, déposé à la Chambre quatre projets de revision de la Constitution ; malgré tous mes efforts, je n'ai pas pu, depuis huit ans, amener la discussion sur ce point urgent, tellement la résistance sourde et invisible de ce pouvoir formidable, quelquefois silencieux, pour certaines besognes de tyrannie qu'il est assuré de ne pouvoir faire au grand jour, d'autres fois bruyant, arrête toutes les initiatives.

Notre prétendue Constitution n'est qu'un code de procédure des pouvoirs publics. On parle du statut des fonctionnaires. Mais le statut du citoyen, où donc est-il ! (*Applaudissements.*)

Il n'y a donc que nous qui n'aurons pas de liberté, pas de droits, nous de qui procède le pouvoir, nous qui représentons la souveraineté du peuple. Nous serons asservis aux fonctionnaires, préfets, sous-préfets, contrôleurs, percepteurs... à toute heure de la journée ; nous serons asservis à tous les vérificateurs, mensurateurs qui chaque jour sont créés dans les communes, les cantons ; ils sont aujourd'hui un million, ils seront demain deux millions ; ils auront un statut, ils seront nos maîtres à nous, citoyens souverains ! (*Applaudissements.*)

A ce mal, il faut donc un remède immédiat, de plus en plus nécessaire, et l'arme sans laquelle rien ne pourra être fait, c'est l'établissement d'une véritable Constitution très simple et d'une élaboration facile. Quelques règles très nettes, très claires que des peuples ont établies autour de nous : les droits naturels du citoyen, les droits de la conscience proclamés depuis longtemps par Euripide et Sophocle ; puis les droits du travailleur, les droits de l'individu : liberté de penser, liberté de posséder, liberté de travailler, cela suffit pour faire un citoyen. Enfin, la garantie de ces droits par des assemblées dont les pouvoirs sont représentés par un pouvoir exécutif qui n'est pas asservi électoralement aux intrigues parlementaires et pour empêcher les attentats de la loi elle-même — car le législateur à son tour peut devenir usurpateur — l'institution d'une Cour suprême qui, par sa fonction même et par la nécessité où elle se trouve de justifier sa fonction, est une barrière aux empiétements du législateur et du pouvoir exécutif.

Cette Constitution de la liberté du citoyen libre dans un pays libre est la seule qui peut donner à notre nation les conditions morales d'une vie véritablement nationale, véritablement française, conforme non seulement aux principes de la politique républicaine, mais à la tradition de ces vieux Gaulois qui ne craignaient rien sinon que le ciel tombât sur eux, et encore ils l'auraient bien supporté à la pointe de leurs lances. (*Triple salve d'applaudissements.*)

M. JACQUES PIOU. — Je ne peux pas traduire dignement la reconnaissance que nous inspirent les belles paroles que vous venez d'entendre. Mais, en votre nom, je remercie les deux orateurs. Ils ont montré l'un et l'autre à quel état de désarroi la France en était venue : désarroi moral, M. de Las Cases l'a dit ; le désarroi financier et économique, M. Jules Roche l'a dit à son tour.

Le remède, c'est la révolution, non pas par les armes, mais par la volonté du pays prenant le jour de l'élection son arme de guerre qui est son bulletin de vote, le déposant dans l'urne et en finissant d'un geste avec l'abominable tyrannie des jacobins et des francs-maçons.

J'aurais tiré la conclusion de cette belle séance, mais je veux laisser ce soin à un défenseur qui, vous a-t-on dit tout à l'heure, gagne toutes les causes.

Je donne la parole à M. Menard, même sans le consulter, il faut qu' les jeunes viennent au secours des vieux ; je mets ma cause dans ses mains. Il la gagnera, j'espère.

Ce lumineux et éloquent discours a produit une grande impression sur l'Assemblée, qui fait à l'éminent orateur une véritable ovation.

M. Piou le remercie au nom de tous en termes délicats et fait un appel au concours des jeunes.

M. Joseph Menard, conseiller municipal de Paris, se lève pour y répondre, et, dans une vibrante improvisation, remercie le Président, qui a su rassembler toutes les bonnes volontés, demeurer debout au milieu des attaques, supporter la tristesse des défections.

Comme l'a dit M. Jules Roche, ajoute M. Menard, rien ne se crée sans la souffrance. Les souffrances que nous avons subies sont pour nous comme un levain de miséricorde et de victoire.

Il faut que tous ici nous mettions en pratique et que nous propagions les enseignements que nous recevons ici.

On vous l'a dit, il faut souffrir pour faire quelque chose de grand. Vous souffrirez dans vos intérêts, dans vos ambitions, dans vos enfants qu'on proscrira, qu'on pourchassera, dans tout ce qui vous tient à l'âme, dans toutes les fibres les plus intimes de votre être. Mais vous vous direz que la souffrance est féconde et vous souffrirez pour faire naître, pour faire germer la liberté. (*Applaudissements vifs et répétés.*)

BANQUET

Dimanche 5 Décembre 1909

Le banquet de clôture, au Palais d'Orléans, avenue du Maine, est présidé par M. Jacques Piou. Plus de 1.200 convives avaient répondu à l'appel de l'A. L. P. La salle étant devenue trop petite, il avait fallu réunir dans une autre salle les délégués de Paris, sous la présidence de M. Ollivier, député des Côtes-du-Nord.

Des discours y furent prononcés par MM. Ollivier sur le loyalisme de l'A. L. P., Joseph Denais, sur l'esprit de discipline, et Flornoy, sur le devoir électoral.

Aux côtés de M. Piou, à la table d'honneur, avaient pris place MM. A. de Mun, amiral de Cuverville, duc d'Estissac, vice-présidents ; Flornoy, Glotin, de Beaumont, Deffès, membres du Comité directeur ; Paul Lerolle, de Gailhard-Bancel, Tailliandier, de l'Estourbeillon, général Jacquey, Lamy, Rudelle, Guyot de Villeneuve, Néron, Limon, Spronck, Pugliesi-Conti, Villiers, Auriol, Leblanc, Dutreil, Guilloteau, de Boissieu, députés ; Duval-Arnould, Massard, Joseph Denais, conseillers municipaux de Paris ; Delbreil, ancien sénateur ; de Benoist et Arnal, anciens députés ; Castara, maire de Lunéville ; Bouvattier, rédacteur en chef de la *Croix* ; Judet, directeur de l'*Éclair* ; Bazire, directeur du *Peuple Français* ; colonel Fournier, Piazza, Guiraud, Terraux, Hardouin, Begouen, Lamy, Gallice, Duthil, Delattre, etc., etc.

Se sont excusés : MM. le Dr Daniel, sénateur ; Plichon, barons Xavier et Amédée Reille, Dansette, Henry Cochin, de Ludre, Suchetet, Vandame, Lefebvre du Prey, Pinault, députés ; Galli, Joseph Ménard, Billard, Alpy, conseillers municipaux de Paris ; Cherest, conseiller général de la Seine ; Paul Féron-Vrau, directeur de la *Croix* ; colonel Dutheil de la Rochère, Jouvin, membres du Comité directeur.

Au dessert, les délégués de Paris descendent et s'entassent dans la salle où pas un coin ne reste vide.

M. Bazelet, au nom de l'A. L. P. du XIVe arrondissement, prend le premier la parole. Il souhaite la bienvenue, dans son arrondissement, aux congressistes, et porte le toast suivant :

TOAST DE M. BAZELET

Monsieur le Président général,

Messieurs,

Soyez les bienvenus. Déjà, l'an dernier, au nom des membres du Comité de l'A. L. P. du XIVe arrondissement, j'ai eu le plaisir et l'honneur de vous adresser un cordial salut. Cette année, le même devoir m'incombe et je le remplis avec une égale sincérité et une joie encore plus grande, puisque nous sommes plus nombreux. (*Applaudissements.*)

Le Comité du XIVe arrondissement remercie notre Président général et aussi un peu la Providence d'avoir bien voulu aider les circonstances qui nous font, pour un jour, les hôtes de tous les délégués au Congrès annuel de l'A. L. P., c'est-à-dire de tous les représentants de la France libérale. (*Vifs applaudissements.*)

Il nous semble que c'est pour nos efforts une récompense et pour nous un grand bonheur que cette union — j'allais dire cette communion — dans l'amour de la liberté et de la Patrie (*Applaudissements*)..... que sont nos Congrès, s'achève ici, dans ce XIVe arrondissement, où nos efforts tendent à réaliser l'œuvre qui est la vôtre dans les régions si diverses de la France entière, dans cette salle qui nous est familière, et qui vous l'est aussi, mon cher Président général, puisqu'à notre demande, déjà bien des fois, votre éloquence si admirée, si aimée et toujours désirée, est venue y prêcher avec fruit l'Évangile libéral.

Dans cette même salle, Messieurs, je vous disais, l'an dernier, que vous étiez ici dans un quartier éloigné, chez des barbares ; mais que voulez-vous, nous sommes des barbares qui ne sont pas réfractaires à la civilisation (*Rires.*) et nous avons appris, peut-être à votre contact, Messieurs, — on profite de tout, — qu'un souhait de bienvenue, si modeste soit-il, après un banquet, doit se tourner en toast. C'est pourquoi vous permettrez bien aux barbares du XIVe arrondissement de porter leur toast.

Ce Congrès se termine à la veille d'une bataille. Entre ce Congrès et le prochain, nous serons tous allés au combat, défendant les uns et les autres le drapeau commun dans des régions diverses. Permettez-moi donc, au nom de mes amis, de porter un toast à la lutte prochaine. (*Applaudissements.*)

Je dis à la lutte et non pas à la victoire. Ce n'est pas que nous ne la désirions pas de tout notre cœur ; mais nous pensons, comme Jeanne d'Arc, que c'est Dieu qui baille la victoire (*Vifs applaudissements.*) et qu'il nous la baillera si nous avons bien bataillé, si nous sommes restés bien unis et si nous l'avons méritée. (*Applaudissements.*)

Ayons donc confiance.

« A qui venge son père, il n'est rien d'impossible », fait dire à Rodrigue notre sublime Corneille et c'est par ce cri de confiance chevaleresque que le jeune héros prélude à sa victoire.

Ce même cri de confiance, nous pouvons le pousser et préluder à notre victoire de même manière, à un double titre, puisque nous allons combattre à la fois et pour notre Père et pour notre Mère : Dieu et la France ! (*Applaudissements prolongés.*)

Oui, Messieurs, ayons donc confiance dans la grandeur et dans la sainteté de notre cause et le cri de triomphe que nous avons poussé, hélas ! seulement en espérance, un jour, devant vous, Monsieur le Président général, au XIVe arrondissement, permettez-moi de le reprendre ici, devant tous les représentants de l'A. L. P., devant nos amis du Nord, du Midi, de l'Est et de l'Ouest.

Supposons que nous soyons victorieux et que tous, réunis dans un semblable banquet, nous entourions notre chef vénéré au lendemain du triomphe. Ce serait la récompense de toutes ses peines, de tous ses efforts, de tous ses sacrifices et nous tous, également récompensés de notre union indéfectible et de notre fidélité, avec quel élan et quel débordant enthousiasme alors nous pourrions nous écrier : « O Christ ! tes ennemis, francs-maçons, juifs et jacobins de toutes sectes, t'avaient volé la France, mais nous l'avons reprise et nous te la rendons ! (*Vifs applaudissements.*)

M. Piou se lève alors au milieu d'un silence impressionnant. Le Président de l'*Action Libérale* prononce, devant cet immense auditoire dont l'enthousiasme ne cesse de croître, l'important discours suivant :

TOAST DE M. PIOU

Messieurs...... non, mes chers amis...... (*Vifs applaudissements.*), je vous remercie d'être venus en foule nous apporter le réconfort de vos chaudes sympathies. Nous leur devons de célébrer, dans un élan de fraternité joyeuse, notre dixième anniversaire.

Dix ans se sont déjà écoulés, depuis qu'un groupe de députés, réunis dans un Bureau de la Chambre, décida la fondation de l'ACTION LIBÉRALE et lui donna son programme et son nom. C'était au lendemain de ce discours historique où M. Waldeck-Rousseau, docile aux Loges, dressa à Toulouse le bilan des représailles destinées à venger le condamné de Rennes.

Nos amis s'unissaient pour défendre les victimes qui étaient vouées au sacrifice.

Ces victimes, c'étaient les ordres religieux dont le milliard, — aujourd'hui évaporé, — devait servir de dotation aux retraites ouvrières ; c'était l'enseignement libre que le stage scolaire aurait garotté.

Après les élections de 1902, où l'opposition toucha la victoire de si près, l'ACTION LIBÉRALE sortit de son cadre parlementaire pour se prolonger dans le pays en une Association largement ouverte.

De cette Association, vous avez été les premiers pionniers et êtes restés les inlassables champions.

Elle était, non pas une organisation de fortune improvisée pour une campagne passagère, mais *une création durable*, répondant à des besoins *permanents* ; elle n'était pas une œuvre exclusivement politique et électorale, mais aussi *une œuvre sociale* s'efforçant de propager les idées et de promouvoir les réformes qui, par plus de justice et de fraternité, peuvent adoucir les antagonismes entre le capital et le travail.

La barque, à peine mise à l'eau, a essuyé vite de gros temps. Ni l'ouragan de persécutions déchaîné par le Ministère Combes, ni la crise de la séparation — dont les équivoques ont lourdement pesé sur les élections de 1906 — n'ont ébranlé vos courages, ni découragé vos efforts.

Les attaques ne vous ont pas manqué ; elles ne vous sont pas toutes venues du Bloc. Vous les avez jugées assez inoffensives pour n'y jamais répondre.

De fait, l'ACTION LIBÉRALE n'a cessé de grandir. Elle le doit à votre dévouement, à votre fidélité au programme du premier jour. Après avoir déclaré respecter la forme du gouvernement, vous n'avez jamais voulu sortir du terrain constitutionnel où vous étiez placés. Votre loyauté était votre force ; vous ne les avez compromises, ni l'une ni l'autre, dans aucune entreprise confuse où vous auriez eu vite à choisir entre l'abdication et la complicité.

L'Union

Partisans obstinés de l'union, vous l'avez voulue sincère, vous l'avez cherchée partout où elle était possible.

L'union religieuse d'abord ! Elle s'est faite d'elle-même, sans effort, par le seul élan des convictions communes ; chaque fois qu'il s'agit de revendiquer un droit de l'Église et de défendre une de ses libertés, il n'y a pas un de nous qui ne s'empresse de répondre à l'appel de ceux qui ont qualité pour le lui adresser ; aux jours des rudes assauts, vous avez été, vous serez toujours sur la brèche et aux premiers rangs.

L'union électorale, ensuite ! Personne ne l'a pratiquée avec plus de correction, plus de scrupule que vous ! Quel est le candidat, partageant vos croyances, dont votre attitude ait compromis les chances ! Combien sont-ils, les adversaires de votre politique à qui leur qualité de catholiques a assuré votre plus dévoué concours ! A qui avez-vous demandé un reniement ou imposé un silence ! A qui avez-vous proposé une alliance, dont les conditions eussent été amoindrissantes pour sa dignité !

En revanche, il est une autre union que vous n'avez ni espérée, ni tentée : c'est l'*union politique*. Celle-là suppose la fusion de tous les partis en un seul et vous connaissez trop l'histoire de votre pays pour ne pas savoir qu'elle est une chimère. Le Grand Pape Léon XIII l'a essayée au nom de ce principe séculaire de l'Église : le respect aux régimes établis. Les gens pressés disent d'un ton de triomphe qu'il a échoué. Qu'il ait échoué, l'avenir le dira ; en tout cas, on reconnaîtra que ce n'est pas par notre faute.

A défaut d'une union loyale et solide, fallait-il essayer quelque combinaison vague, qui, sous son étiquette équivoque, n'aurait donné le change à personne et se serait misérablement écroulée au premier choc ? Vous ne l'avez pas pensé et vous avez eu raison. La franchise est, même en politique, la meilleure des habiletés ; elle laisse à tous leur dignité et permet des rapprochements d'autant plus féconds qu'ils n'inspirent à personne la crainte d'être trompé.

Dans les élections qui approchent, vous apporterez votre habituel esprit de conciliation. Vous irez prendre sur le champ de bataille votre poste de combat, sans jamais revendiquer un rôle supérieur à vos forces. Vous ne formez qu'un corps d'armée et n'aspirez pas à la direction des opérations générales. Des partis justement jaloux de leur autonomie lutteront à vos côtés : gardez-vous de gêner leur action. Si, dans la mêlée, vous serez heureux de recevoir leur appui et de leur donner le vôtre, ne substituez jamais votre responsabilité à la leur.

Notre programme électoral

Votre programme n'a pas varié. Réclamant la liberté pour tous et le droit commun, vous êtes les adversaires déclarés de toute loi d'exception. La liberté d'enseignement reste votre constante préoccupation. Pour l'école libre, vous voulez la protection de lois plus justes et un traitement plus équitable ; à l'école publique, au moins une neutralité loyale qui ne soit point une ruse de guerre dirigée contre les croyances. L'instruction laïque serait la plus méprisable des confusions, si elle devenait une sorte de compromis entre le rationalisme, le scepticisme et la foi. Le jour où l'État a rendu l'école obligatoire, il a promis qu'on y enseignerait la vieille morale de vos pères et, la vieille morale de vos pères est celle du Décalogue et de l'Évangile. Le jour où, pour appliquer sa loi, il a officiellement promulgué des règlements universitaires, il y a inscrit « les devoirs envers Dieu ». Permettre à des sophistes et à des athées de ne plus enseigner que le positivisme, c'est manquer audacieusement à la parole donnée par l'État lui-même.

La séparation a laissé l'Église sans garanties ; vous ne cesserez de réclamer pour elle une entente avec son chef, condition indispensable de toute organisation.

La défense de votre programme religieux ne vous fera pas oublier la réalisation de votre programme social et politique.

Les retraites ouvrières seront sans doute votées avant le mois de Mai ; elles le sont toujours à la veille des élections. La législation du travail, le droit de propriété pour les syndicats, l'organisation professionnelle ne le seront pas. Le monde du travail les réclame avec une légitime impatience ; vous ne cesserez de les revendiquer en son nom.

Vous penserez aussi aux tares du régime sous lequel nous vivons ou plutôt dont nous mourons ;

Le scrutin d'arrondissement qu'on a appelé « La Mare stagnante » autrement dit « Le Bourbier » ;

Un système administratif à deux fins, servant à la fois de vis de compression et de distributeur de faveurs ;

L'anticléricalisme, le grand rapiéceur du Bloc effiloché, et, comme l'a dit un radical, le gagne-pain des faméliques.

Enfin, le matérialisme officiel, ce cancer mortel qui, chaque jour, ronge un peu de notre chair, et empoisonne un peu notre sang.

La Représentation proportionnelle

Comment réaliser tant de réformes nécessaires ; comment guérir tant de maladies pernicieuses ? Il faudrait assurément de plus énergiques remèdes qu'un simple changement dans le mode de votation. Mais ce changement mettrait fin à des abus honteux et ouvrirait des horizons nouveaux.

La R. P. n'est pas une panacée. L'ayant expérimentée aux dernières élections municipales, nous en connaissons les difficultés et les imperfections.

Vingt-cinq ans de scrutin d'arrondissement ont créé, dans le pays, des mœurs détestables, et établi, au Parlement, la domination exclusive d'une majorité qui croit posséder le pouvoir par droit de conquête et qu'obsède le souci de « la circonscription ».

La R. P. montre à chacun sa force, met chacun à sa place. Aux victorieux, elle apprend à se contenir, aux vaincus à se résigner, à tous à s'organiser sans découragement, à se combattre sans colère.

Comme elle donne une valeur au vote de tout citoyen, elle arrache les indifférents à l'inertie et les aigris au dégoût.

Elle n'enlève pas le pouvoir à la majorité ; elle ne donne pas tout à la majorité, ce qui est bien différent.

Dans un pays déchiré par les divisions, elle s'entremettrait comme arbitre, entre les partis aux prises et non pour imposer une paix impossible, mais pour rendre la guerre moins âpre.

Elle serait l'Édit de Nantes des temps nouveaux, la grande pacificatrice qui, par la tolérance et la justice, préparerait les réconciliations nécessaires.

Mais, je vous entends : Comment espérer d'une majorité, si longtemps victorieuse, qu'elle cède une part du terrain acquis. Ce qu'Henri IV a fait, ce que les catholiques belges ont fait, le Bloc ne le fera jamais.

Je ne le sais que trop ; aussi, n'est-ce pas à la majorité que nous nous adressons, mais au suffrage universel. Le pays a gardé, à travers ses longs mécomptes et ses longues indulgences, le clair bon sens de l'esprit français, la générosité native du caractère national. Qu'il voie clairement où est le devoir, où est le salut, et, d'un geste, il imposera silence aux égoïsmes parlementaires et, d'un mot, il prononcera le verdict libérateur.

Que nos amis inscrivent donc sur leur drapeau en traits éclatants, ces deux mots : REPRÉSENTATION PROPORTIONNELLE et, si le soir venu, ils s'aperçoivent que la bataille est perdue pour eux, *qu'ils aillent à la bannière qui portera la même devise!* (Applaudissements prolongés.)

Que voulez-vous, mes chers amis, que pèsent. désormais pour moi, les déboires, les échecs, les injustices et même les calomnies ! (Vifs applaudissements.)

Ce discours magistral est littéralement haché par des applaudissements et l'orateur est l'objet, lorsqu'il se rassied, d'une ovation enthousiaste. On crie : « Vive Piou ! Vive la Représentation proportionnelle ! »

Le calme se rétablit à grand'peine. M. Ernest Lamy, député du Morbihan, se lève à son tour.

Voici son toast :

TOAST DE M. LAMY

MESSIEURS,

Me donner la parole après une voix aussi autorisée, aussi éloquente que celle que vous venez d'applaudir, c'est me mettre, vous le comprenez, dans un grand embarras et c'est vous ménager une grande désillusion.

Je marcherai cependant et je ferai de mon mieux.

Vous terminez vos grandes assises d'hiver et le Congrès de l'A. L. P., auquel nous venons d'assister, est un des plus prospères, un des plus brillants qui ait été réuni par notre grand groupement. Il sera la meilleure préparation aux élections de 1910.

Dans quelques mois, nous allons comparaître devant nos grandes assises populaires et nous aurons à rendre compte de nos actes au jury électoral.

Puissions-nous ne pas être condamnés et exécutés quelques jours après !

C'est que nous arrivons devant le pays les mains à peu près vides. Cet aveu, il est vrai, ne me pèse qu'à moitié, car la responsabilité de la faillite des réformes promises au peuple ne retombe pas sur l'Action Libérale Populaire, elle incombe à la majorité que nous subissons actuellement et, dût la modestie de mes collègues et amis du Parlement en souffrir, je dois déclarer que l'opposition a fait tout ce qu'il était possible de faire contre l'œuvre de la majorité. (*Applaudissements.*)

On vous l'a dit, une seule chose a été accomplie au cours de cette législature : le rachat de l'Ouest qui fut une opération malheureuse.

La Chambre a voté un projet d'impôt sur le revenu, ce monstre qui a été envoyé au Sénat. L'enfantement en sera peut-être laborieux et difficile et, quand le nouveau-né viendra au monde, s'il y vient jamais, je crains bien que ses auteurs ne soient pris devant lui de honte et de regrets. (*Vifs applaudissements.*)

Le programme social de cette législature vous a été esquissé. Celui de l'Action Libérale vous a été exposé. Il contient des réformes qui depuis longtemps sont inscrites dans nos programmes. Les radicaux s'en sont inspirés et maintenant ils nous accusent de les avoir copiés. Est-ce que ceci ne vous rappelle pas la fable du geai paré des plumes du paon ?

L'extension des Syndicats professionnels, l'organisation des professions, les retraites ouvrières sont réclamées par tous les chefs de notre parti..... (*Cris : Vive Albert de Mun.*)

Et même, quand certains nous présentaient des projets aux conceptions hardies, nous autres nous hésitions parfois à les contresigner, effrayés que nous étions de l'audace de nos aînés. Aussi, quand ces revendications sont réclamées par les radicaux-socialistes, il serait bon d'en faire remonter tout l'honneur et le mérite à ceux qui ont été les promoteurs de ces idées nouvelles, aux membres de l'Action Libérale Populaire. (*Applaudissements.*)

Il y a des questions que nous pourrions solutionner à la Chambre en nous mettant tous d'accord, telles sont les améliorations réclamées par la classe ouvrière, l'institution des caisses de chômage, le contrat collectif, la rédaction du Code du travail, la protection des travailleurs, les lois d'hygiène et bien d'autres encore. Pourquoi faut-il donc qu'au lieu de nous réunir tous sur ce terrain si vaste où il serait facile de se mettre d'accord, pourquoi faut-il que le Gouvernement nous entraîne sur un autre terrain où la lutte devient plus rude, puisqu'il s'agit pour nous de défendre les libertés les plus chères qu'on veut nous ravir ou nous diminuer ! (*Vifs applaudissements.*)

J'étais profondément humilié, il y a quelques jours, quand M. Briand nous disait à la Chambre : « De quoi vous plaignez-vous. Est-ce que vos églises ne sont pas ouvertes ? Ne pouvez-vous aller à la messe ? »

Comment, on a volé les catholiques, on a volé les vivants, on a volé les morts et vous voudriez que nous ne nous soulèvions pas pleins d'indignation contre ceux qui nous oppriment par la force ! (*Vifs applaudissements.*)

Nous ressemblons à ce passant qui a été détroussé au coin d'un bois et à qui le brigand déclare : « Tu dois être satisfait, je te laisse encore la vie sauve et les deux yeux pour pleurer. » (*Applaudissements.*) Mais, qu'on le sache bien, nous nous servirons de nos deux yeux non pour pleurer, mais pour regarder nos adversaires en face et pour leur dire : « Vous nous laissez aussi nos deux poings et nos deux mains. Nous saurons en user à l'occasion. » (*Vifs applaudissements.*)

On vous a dit que l'union était indispensable, c'est, en effet, le seul moyen de triompher. D'ailleurs, est-ce que l'Action Libérale Populaire n'est pas un groupement assez puissant, assez bien organisé pour avoir confiance en lui-même et pour ne pas aller chercher des alliances à côté. (*Applaudissements.*)

Nous sommes sortis de la période des langes et l'Action Libérale n'est plus un enfant qui a besoin d'être soutenu, ce n'est pas un vieillard qui a besoin de béquilles et de bâtons. L'Action Libérale est forte, elle a confiance dans son œuvre et certainement elle triomphera. (*Applaudissements.*)

Laissez-moi, mes chers amis, terminer en évoquant devant vous un épisode qui se rapporte à l'histoire d'un de nos grands rois de France.

On raconte qu'un jour Louis XIV recevant la visite de Jean Bart lui demanda comment il s'y était pris pour traverser les lignes de la flotte anglaise qui lui barrait le passage. Le célèbre corsaire répondit : « Sire, voici comment j'ai fait », et mettant les gentilshommes de la Cour sur deux files, devant le roi, il s'avança vers eux, bousculant à droite et bousculant à gauche, jetant par terre les courtisans. Puis se retournant vers le roi, il lui dit : « Et c'est ainsi, sire, que j'ai vaincu les Anglais. » (*Applaudissements.*)

Eh bien ! Messieurs, que cet épisode nous serve d'exemple et de leçon. Allons droit devant nous, bousculons un peu à droite, si c'est nécessaire, bousculons beaucoup à gauche, car c'est indispensable. (*Vifs applaudissements.*)

Nous sommes nombreux et nous avons pour nous seconder la presse parisienne libérale que je tiens à remercier publiquement ici au nom du groupe parlementaire de l'A. L. P.

Je veux dire à ses représentants qui sont présents combien nous lui sommes reconnaissants du dévouement qu'elle apporte au service de notre cause. La presse est notre collaboratrice de tous les instants, sans elle nous ne pourrions rien, avec elle nous pourrons tout.

Aussi, en la remerciant de votre part et en votre nom, je lui demande de nous conserver le précieux et le généreux concours qu'elle nous a accordé jusqu'ici. Avec une presse aussi puissante et aussi vaillante, nous sommes assurés, Messieurs, d'aller vers le triomphe de nos idées. (*Applaudissements.*)

C'est en l'honneur de la presse libérale que je porte un toast. Je vous demande d'avoir confiance en votre cause, en votre étoile que M. Viviani, soyez-en certains, ne pourra pas éteindre de sitôt. (*Applaudissements et rires.*)

Ayons courage, Messieurs, la confiance dans l'avenir de notre cause est le gage le plus certain de la victoire de demain. (*Vifs applaudissements.*)

M. Lamy est longuement applaudi.

M. Duval-Arnould, conseiller municipal, salue les congressistes au nom du Paris patriote.

Il le fait en ces termes :

TOAST DE M. DUVAL-ARNOULD

MESSIEURS,

Il est de tradition qu'un conseiller municipal de Paris ait la parole à votre banquet et, certes, j'aurais mauvaise grâce à me plaindre d'une tâche dont je sens tout le poids puisqu'elle me vaut l'honneur de saluer votre Président général, de vous saluer tous, messieurs les délégués de province, de toutes les provinces de France, sinon au nom de Paris officiel du moins au nom du Paris, du grand Paris patriote et libéral (*Applaudissements.*)

Messieurs, pour peu que vous ayez fait partie d'un certain nombre de Congrès, vous connaissez certainement cette espèce particulière de congressistes qu'on ne voit ni dans les réunions générales et encore moins dans les réunions de travail, mais qui apparaissent pour la première fois à la table du Banquet de clôture. (*Rires.*)

J'espère, messieurs, que les congressistes de cette espèce sont infiniment rares à l'Action Libérale Populaire. Hélas! il en est au moins un de cette catégorie et c'est l'orateur qui ose parler devant vous et apparaître pour la première fois au Banquet, que dis-je, au dessert du Banquet. (*Nouveaux rires.*)

Mais, du moins, j'ai le droit, en vous présentant mes excuses pour cette absence prolongée, de vous affirmer que je la regrette sincèrement et qu'elle m'a été inspirée par la force majeure. Je ne suis pas comme vous, messieurs, loin de ma petite patrie quand je suis à Paris, et je n'ai pas le droit d'oublier cette usine à feu continu qui fonctionne à l'Hôtel de Ville : Nous sommes en décembre et nous n'avons pas, comme ces messieurs du Parlement, la ressource des douzièmes provisoires. Il faut que notre Budget soit voté avant le 31 décembre à minuit et, comme nous nous sommes occupés de bien des choses et même quelquefois des affaires des autres jusqu'à présent, il faut maintenant nous hâter pour boucler ce Budget de plusieurs centaines de millions.

Je regrette d'autant plus, messieurs, de n'avoir pu suivre vos travaux qu'ils avaient, cette année, un intérêt passionnant. J'ai lu les comptes rendus des journaux et j'ai été heureux de constater que votre Congrès a pris surtout un caractère social.

Or, à l'Hôtel de Ville, les problèmes sociaux les plus angoissants se posent devant nous. Nous sommes en contact intime avec une population de travailleurs que nous cherchons à soulager de notre mieux. Si nous avons souvent la tristesse de constater chez eux des appétits excessifs ou des passions aveugles, nous sentons très vivement tout ce qu'il peut y avoir de juste dans les revendications qui nous sont présentées, nous comprenons tout ce qu'il y a de souffrances imméritées dans la vie de l'ouvrier et de l'ouvrière surtout, et je vous assure qu'il y a des heures où nous voudrions, d'un coup de baguette magique, réaliser notre idéal social. (*Vifs applaudissements.*)

C'est pourquoi j'ai vu avec plaisir que vous ne vous contentiez pas de vagues formules, et de belles paroles de consolation ou d'espérance, mais que vous recherchiez les moyens pratiques de réalisation. Vous ne reculez pas devant les solutions précises, dussent-elles effrayer, même parmi nos amis, certains esprits qui ne voient pas assez qu'on n'ajourne pas indéfiniment les solutions précises. (*Applaudissements.*)

Je me disais, en constatant cet effort : Nous sommes une minorité, et nous avons dû renoncer aux honneurs publics et aux faveurs du pouvoir pour garder notre foi et nos principes, mais nous n'avons pas perdu notre temps, si nous avons repris contact avec le peuple, si, étant plus près de son cœur, nous avons un sentiment plus exact de ses pensées et de ses aspirations. (*Applaudissements.*)

Nous avons compris que l'heure n'était plus aux vieilles formules négatives, et qu'à la défensive il était grand temps de substituer un programme positif.

Certes, je ne suis pas de ceux qui oublient ce qui a été fait par leurs aînés et je sais que nous avons eu des devanciers qui ont patiemment, laborieusement tracé le sillon dans lequel nous entrons résolument. Et ce doit être une rare et noble satisfaction pour le comte Albert de Mun..... (*Vifs applaudissements. La salle fait au chef des Catholiques sociaux une ovation enthousiaste.*), que de voir ses idées de jeunesse, devenir aujourd'hui les idées de la jeunesse qui est ici, de l'élite de la jeunesse française. (*Longs applaudissements.*)

Et je répète ce que je disais tout à l'heure : Ces années pénibles, en apparence vaines et vides que nous avons passées dans l'opposition n'ont pas été inutiles puisqu'elles nous ont permis de reprendre contact avec le peuple et avec la France elle-même. (*Applaudissements.*)

Un de ceux qui m'ont précédé à cette place se demandait pourquoi nos adversaires désertent le terrain des réformes sociales et nous convient toujours à des luttes stériles sur le terrain anticlérical ? La réponse est facile et je me permets de vous la donner, car je vois de près, dans notre petit diminutif de Parlement, les amis des sectaires tout-puissants et il est peut-être plus facile, à l'Hôtel de Ville, de connaître les individus et de se rendre compte de leurs passions secrètes.

C'est une excellente, ou plutôt, une détestable raison qui les pousse à fuir ce terrain social sur lequel nous pourrions leur donner notre concours. C'est qu'ils ont, pendant qu'ils jouissaient du pouvoir et des profits du pouvoir, perdu tout vrai contact avec le peuple et que leur programme social n'est plus qu'un programme de surenchère électorale complètement irréalisable à leurs propres yeux. C'est que ces radicaux sont, au fond, plus conservateurs que ceux de l'extrême droite de l'Action Libérale qui sont ici, — conservateurs de leurs coffres-forts qu'ils défendent avec énergie contre les socialistes, conservateurs aussi des fonctions et des honneurs publics qu'ils considèrent comme leur patrimoine personnel. (*Vifs applaudissements.*)

Entre radicaux et socialistes, il n'y a plus, désormais, qu'un seul lien, il n'y a qu'une question qui rétablisse l'accord entre eux, et c'est l'anticléricalisme. Il leur faut donc, de toute nécessité, manger du curé et encore du curé, et comme leur palais commence à être blasé sur le curé ordinaire, il leur faut, à l'Hôtel de Ville, pour se réconcilier, manger ensemble du jésuite espagnol ou de l'archevêque de Paris. (*Rires et applaudissements.*)

Ils n'ont plus, les malheureux, d'union entre eux que dans la haine commune. Je ne connais rien de plus triste.

Nous, au contraire, quand nous parlons d'union, c'est au nom de l'amour commun que nous avons au cœur, au nom de notre amour commun pour la Patrie, la liberté et la foi. (*Vifs applaudissements.*)

Je suis de ceux qui sont parmi les plus optimistes quand on parle d'union et je crois qu'à certaines heures l'union se fait toute seule. (*Applaudissements.*)

L'ennemi suffirait à la faire entre nous; il nous l'impose, cette union : Le temps n'est plus où quelques-uns seuls étaient frappés, et où les autres pouvaient encore se réfugier dans leur égoïsme : désormais, tous, nous avons été frappés, et dans ce que nous avons de plus cher. Or, une union qui se fait ainsi devant l'ennemi, d'elle-même aussi se fait autour des vrais chefs, de ceux qui ont gagné leurs galons sur le champ de bataille, et à qui va, d'instinct, l'obéissance avec le cœur des vrais soldats.

Vous sentez bien, mes chers amis, à qui je fais allusion, n'est-il pas vrai ! (*Cris : Vive Piou !*) Certes, celui-là a eu à lutter et à souffrir. Il est bien difficile d'être un chef dans l'opposition, et c'est merveille que votre Président général ait pu faire face à toutes les attaques, non seulement aux coups qui viennent de l'ennemi, mais à ces coups, je ne dirai pas, — parce que je ne veux même pas le penser, — à ces coups plus perfides, mais je dirai : à ces coups plus cruels et plus dangereux aussi qui viennent d'un autre côté (*Applaudissements.*)

Messieurs, vous allez batailler. Votre chef trouve, à la veille du grand combat, son corps d'armée plus discipliné, plus solide, et plus nombreux que jamais.

Des voix plus autorisées que la mienne lui ont souhaité la grande victoire en des termes que je ne cherche même pas à reproduire, encore moins à égaler.

Nul ne souhaite plus ardemment que moi-même cette grande victoire ; mais si elle devait nous échapper encore, je ne doute pas du moins, que nous n'ayons de nombreux succès par toute la France.

Élargissant nos horizons, au-delà de cette salle, au-delà même des larges cadres de l'Action Libérale, disons-nous que nous sommes le parti du long avenir et des vastes pensées. Que nous ne soyons pas un parti sans lendemain, il suffit, pour s'en convaincre, de voir cette belle jeunesse qui se presse dans vos rangs (*Applaudissements.*) et de se rappeler que vos familles ne sont pas de celles qui sont en train de se suicider par la dépopulation volontaire. Ce sont elles, au contraire, qui, demain, peupleront le sol de la Patrie (*Applaudissements.*) et qui transmettront à leurs enfants, avec le plus pur du sang de France, les plus nobles, les plus sacrées traditions de la Patrie. (*Vifs applaudissements.*)

N'est-ce pas vrai, cela, messieurs !

Ah ! tenez, je ne résiste pas au désir de vous conter une histoire, et si vous la connaissez déjà, vous me pardonnerez en pensant que c'est un père de famille qui vous parle.

C'était, il y a quelques jours à peine, dans je ne sais plus quel village de France. Une petite fille arrivait à l'école ne sachant pas sa leçon parce que ses parents lui avaient interdit d'ouvrir le livre condamné récemment. L'institutrice, pour la punir, lui donne à copier la page d'histoire qu'elle n'avait pas apprise. Alors, la petite fille, en sanglotant, écrit sur son cahier de punitions : « Je crois en Dieu ! » (*Vifs applaudissements.*)

Oh ! la pauvre enfant ! Oh ! la brave enfant, et comme son pensum est plus éloquent que tous les discours !

Et pour terminer le mien, messieurs, portons un toast qui symbolisera le présent et l'avenir de notre parti, de notre grand parti ! Unissons, dans une même acclamation, le chef vaillant qui va, de nouveau, vous mener à la bataille pour la Patrie, pour la liberté et pour la foi, et ces petits enfants inconnus, les écoliers et les écolières de France qui, eux aussi, en souffrant pour elles, commencent à aimer et à se passionner pour la Patrie, la liberté et la foi. (*Vifs applaudissements.*)

Ces paroles vibrantes sont très acclamées, puis M. Ducurtyl, président du Comité régional de Lyon, prend à son tour la parole et prononce le toast suivant :

TOAST DE M. DUCURTYL

Messieurs,

Le très modeste lieutenant de l'A. L. P. auquel on accorde le périlleux honneur de prendre la parole à la fin de ce banquet éprouve autant de joie que de confusion à le faire.

Il vient parler au nom de la province, au nom des 700 Comités de la région lyonnaise pour apporter un cordial et fraternel salut à tous les membres de l'A.L.P.

Lorsqu'il y a quinze jours à peine, M. le Président général, vous daigniez encore une fois, venir à Lyon présider notre Congrès régional et passer la revue de nos troupes, vous avez pu constater la fidélité de nos adhérents et leurs acclamations enthousiastes ont pu vous prouver et la confiance qu'ils ont en leur cause et l'affection qu'ils éprouvent pour le chef admirable que vous êtes. (*Vifs applaudissements.*)

Cette affection, en effet, est faite chez nous autant de reconnaissance pour les témoignages de sympathie que M. Piou a bien voulu nous donner, que de confiance dans le chef qui a dicté avec une si magistrale autorité le programme que nous avions à défendre et l'attitude que nous avions à prendre pour le faire triompher.

Ce programme n'est pas seulement inscrit dans les statuts de l'A. L. P., il est entré dans la voie des réalisations et, à maintes reprises, nous en avons étudié les détails pour le mettre au point.

Vous avez d'abord marqué, messieurs, combien il était nécessaire de défendre les droits qui touchent à la dignité et à l'indépendance du citoyen et, parmi les plus menacés, les droits de la conscience et la liberté d'enseignement. (*Vifs applaudissements.*)

Sur le terrain social, vous avez voulu réaliser la formule de l'A. L. P. : l'amélioration du sort des travailleurs, en étudiant dans chacun de vos Congrès une de ces réformes pratiques qui peuvent procurer plus de bien-être à ceux qui peinent et qui souffrent sans avoir le temps d'améliorer eux-mêmes par leurs propres forces leur situation. C'est dans cet esprit que, hier encore, vous étudiiez la situation lamentable de ces malheureuses ouvrières de l'aiguille auxquelles vous avez reconnu le droit à la vie, à un salaire suffisant pour pouvoir vivre et goûter en même temps les joies de la famille. (*Applaudissements.*)

Dans l'ordre politique, c'est la réforme électorale qui vous a préoccupés cette année. Vous avez affirmé que le seul moyen d'aborder une réforme équitable c'était de provoquer cette représentation proportionnelle qui seule pourrait, comme le disait à la Chambre notre éminent président, « donner au pays le moyen d'émettre des scrutins de justice et de clarté ». (*Applaudissements.*)

L'attitude qui nous a été dictée et qui est restée nôtre, c'est l'attitude nettement et loyalement constitutionnelle ; c'est celle des honnêtes gens, des bons Français qui estiment que le seul moyen de rendre la France aux Français est d'user de toutes leurs prérogatives de citoyen et de revendiquer dans la République la place à laquelle ils ont droit pour chasser du pouvoir ceux qui compromettent l'avenir du pays.

Cette attitude loyalement constitutionnelle n'implique nullement, du reste, la négation du passé. Nous sommes de ceux qui s'inclinent devant les grandes et les nobles traditions de la France et qui entendent non seulement les respecter, mais les faire revivre. Nous entendons notamment faire revivre cette foi chrétienne que la France a puisée au baptistère de Reims et qui lui a permis de triompher pendant des années et pendant des siècles de toutes les attaques dont elle a pu être l'objet, en même temps qu'elle la faisait la plus grande et la plus généreuse des nations. (*Vifs applaudissements.*)

Nous avons le désir de faire revivre nos traditions nationales et c'est parce que nous tournons nos regards vers elles que nous avons l'espoir de réussir dans la lutte que nous avons entreprise pour rendre à la France la paix et l'union dont elle a tant besoin.

Permettez-moi ici d'évoquer un souvenir. Vous connaissez tous ce magnifique tableau de notre grand peintre militaire Detaille, *Le Rêve.*

Dans une vaste plaine, dont l'horizon est illuminé par l'incendie des hameaux allumé par l'ennemi, l'armée française, la jeune armée, est couchée sur le sol prenant son repos avant de reprendre la lutte. Les armes sont en faisceaux, le drapeau tricolore reposé sur les armes à la garde de sentinelles vigilantes.

L'armée dort, mais elle rêve ; elle rêve du passé pour y puiser des motifs d'espérance et l'artiste, voulant évoquer ce rêve, représente sur les nuages amoncelés toute l'épopée guerrière de la France depuis qu'elle existe jusqu'à nos jours.

Ne pensez-vous pas, messieurs, que cette évocation merveilleuse de toutes les armées qui ont contribué à la formation de la France, qui l'ont défendue contre l'ennemi et l'ont faite victorieuse, que le souvenir de ces armées triomphantes ou vaincues, mais toujours glorieuses et fières, est, pour les jeunes soldats qui reposent, le meilleur entraînement à la lutte du lendemain ?

Or, nous aussi, messieurs, nous sommes un corps d'armée, une armée campée sur le champ de bataille après avoir été vaincue. Revivons le passé glorieux de la France et songeons à toutes ses traditions, à ses gloires, pour la refaire nous-mêmes pacifiée, unie et glorieuse. Nous puiserons dans ces souvenirs du passé encore plus d'énergie et de vaillance afin de nous montrer dignes des vieux soldats qui ont fait la France et dont nous sommes les héritiers. (*Applaudissements.*)

Je termine, messieurs, en vous proposant la santé de l'A. L. P., troupe courageuse, disciplinée et confiante aujourd'hui, troupe victorieuse demain. Je vous propose de boire à son chef, dont la juvénile ardeur, la vaillance et le dévouement nous comblent d'admiration et de respect : à Monsieur Jacques Piou. (*Vifs applaudissements.*)

C'est un toast vibrant que porte ensuite M. Daboncourt, au nom de la *Jeunesse Libérale*, unie, vigoureuse et disciplinée, dont il voudrait voir se constituer un groupe à côté de chacun des Comités de l'A. L. P.

Voici comment il s'est exprimé :

TOAST DE M. DABONCOURT

MESSIEURS,

Vous me permettrez tout d'abord de remercier M. Piou au nom de tous mes camarades.

En associant la Fédération de la Jeunesse Libérale au Congrès de l'Action Libérale, il a voulu donner à notre Association un nouveau témoignage de sa bienveillance et, messieurs, en répondant à l'invitation qui nous était adressée, nous avons entendu répondre : « Présents » à l'appel du chef, parce que, avant tout, nous sommes des soldats disciplinés. (*Applaudissements.*)

Aujourd'hui, on me demande de porter un toast au président de l'A. L. P. Le rôle d'un jeune eût été de se taire, mais puisque la consigne est de parler, je parlerai avec mon cœur.

Au nom des Jeunes, je lève mon verre en l'honneur de M. Jacques Piou qui, à l'époque troublée que nous traversons, personnifie la défense du droit et de la liberté. (*Applaudissements.*)

Jamais, à aucune époque de notre histoire, le droit et la liberté n'ont été plus cyniquement violés qu'aujourd'hui, au nom même de la loi. Notre pays est devenu la proie d'un parti politique qui traite la France en pays conquis et parmi les ruines morales et matérielles amoncelées autour de nous, nous nous tournons avec un invincible espoir vers celui qui, hier encore, à la Chambre, se faisait le défenseur autorisé de l'Eglise souffrante et, au service de la cause dont il s'est fait le valeureux champion, nous venons mettre notre jeunesse, c'est-à-dire l'Avenir.

Dans les batailles de la vie, il est des soldats qui meurent à l'ombre du drapeau pour le défendre. En politique, pour mériter la victoire définitive, il nous faudra tous avoir le courage de vivre à l'ombre du drapeau, dans les plis duquel seront peut-être inscrits demain, en lettres de sang, ces mots : Droit, Justice, Liberté.

Nous aurons ce courage et c'est pour en donner l'assurance à notre chef aimé que j'ai pris la parole à ce banquet.

Laissez-moi, avant de terminer, exprimer un souhait. C'est qu'à côté de chacun de vos Comités, il se forme une Jeunesse Libérale, prête à vous seconder, à combler les vides que les années font dans vos rangs. Grâce à cette organisation, un jour viendra, nous l'espérons, où reprenant la phrase prononcée en 1906 par un député du Bloc, nous pourrons dire également que les élections ont été l'œuvre de notre jeunesse. (*Vifs applaudissements.*)

La France aujourd'hui est opprimée, mais la France ne meurt pas. Son âme est captive; avec l'aide de Dieu, la Jeunesse française saura la libérer. (*Vifs applaudissements.*)

M. de Grandmaison, président du Comité du Havre, prononce alors le véritable discours suivant :

TOAST DE M. H. DE GRANDMAISON

Mes chers Amis,

Je dois être bref et je le serai; mais je veux venir vous dire à mon tour que la reconnaissance est un devoir qui s'impose aux associations comme il s'impose aux individus et aux peuples.

Aussi, lorsque, à l'issue de cette manifestation grandiose de force raisonnée et d'énergie consciente que fut notre sixième Congrès d'Action Libérale Populaire, je jette un regard en arrière sur le chemin parcouru depuis notre naissance, à chaque pas j'y rencontre l'homme dont l'esprit a conçu l'A. L. P. et dont la persévérance l'a réalisée. (*Applaudissements.*)

Je viens donc lui apporter l'hommage solennel de toute notre gratitude et, au nom de la province, au nom de tous ces laborieux, de tous ces simples, de tous ces ardents qui nous ont délégués ici, porter une fois de plus, à la bonne vieille mode française, la santé de M. Jacques Piou. (*Vifs applaudissements.*)

M. le Président général, lorsqu'il y a sept ans, en 1902, j'avais pour la première fois, l'honneur de vous recevoir au Havre, je vous disais : « Soyez le bienvenu, non seulement parce que vous êtes un homme politique expérimenté et un puissant orateur, mais encore et surtout parce que vous êtes, ce qui est beaucoup plus rare, un caractère et un exemple. » (*Vifs applaudissements.*)

Ayant tout ce qu'il faut pour vivre tranquille, vous vous êtes donné tout entier à votre noble tâche, dédaigneux de toutes considérations et de tout intérêt personnel, dévoué jusqu'à l'extrême limite des forces humaines.

Cet hommage que le conscrit de l'A. L. P. vous rendait alors, souffrez que le vétéran qui compte sept ans de présence au corps vous le redise aujourd'hui avec la même admiration mais avec ce je ne sais quoi de plus intime et de plus fort qu'engendre, entre chef et soldat, une étroite communauté de vues, d'efforts et de sacrifices. (*Vifs applaudissements.*)

Et si jamais le succès final ne devait venir, l'histoire dira que vous avez eu une pensée grande et féconde comme tout ce qui est juste et vrai, en voulant créer dans notre pays divisé et émietté ce grand parti de l'ordre, de tous les hommes d'ordre, qui, aujourd'hui, dans l'opposition, demain peut-être au pouvoir, contrebalancera celui qui nous gouverne et dont l'existence sans contre-poids fausse tous les ressorts essentiels de l'existence nationale. (*Applaudissements.*)

Vous avez bien compris que ce grand parti destiné à rallier tous les hommes soucieux de la justice et de la liberté devait être largement ouvert à tous et qu'il lui fallait, pour réussir, être avant tout constitutionnel. (*Vifs applaudissements.*)

Que certains le regrettent, la chose est possible; mais il est un fait matériellement certain, c'est que les masses populaires sont profondément attachées à la forme constitutionnelle qu'elles se sont donnée (*Applaudissements.*) et qu'exploitant habilement cette mentalité, depuis bientôt trente ans, nos adversaires ont vécu de la défense républicaine, agité le spectre de l'ancien régime et de chaque élection fait un plébiscite sur la forme du Gouvernement. (*Applaudissements.*)

Le jour où nous aurons brisé entre leurs mains cette arme jusque-là invincible, la victoire nous appartiendra parce que, campés en face d'eux, nous lutterons à égalité, et le peuple aura bien vite compris que nous sommes aussi intelligents, que nous sommes plus honnêtes et plus profondément dévoués. (*Applaudissements.*)

Humble soldat de cette grande armée, je viens affirmer devant vous que l'Union des Catholiques dont certains parlent tant avec le secret espoir qu'elle n'aboutira pas..... (*Vifs applaudissements.*), ne se fera que sur le terrain loyalement constitutionnel et nettement libéral (*Applaudissements.*)..... grâce à notre grande Association nationale qui ne demande ni place, ni décorations, ni faveur, mais simplement la liberté du droit commun, la liberté pour tous, la liberté à tous les degrés. Cela nous suffit !

Et c'est précisément parce que je suis un humble catholique, croyant et pratiquant...... (*Vifs applaudissements.*), filialement soumis à tous les enseignements de l'Église, c'est parce que je ne suis ni un politicien ni un théoricien, mais qu'ayant mis ma main sur le cœur du peuple, je l'ai senti palpiter et vivre, c'est pour cela que je vous ai suivi, M. le Président général, et que je suis vôtre à jamais. (*Applaudissements.*)

Et si, d'aventure, quelque irréductible adversaire prétend me donner des leçons de foi religieuse et me demande qui me permet de parler ainsi, je lui dirai : « Regardez donc le passé et évoquez l'histoire. Rappelez-vous qu'il y a dix-huit siècles, nos pères dans la foi, les premiers chrétiens, ont été les plus loyaux sujets des Néron, des Caligula, des Julien l'Apostat, parce que ceux-ci représentaient le pouvoir légalement établi. Ils les ont servis comme fonctionnaires, il les ont défendus comme soldats, ils ont respecté leurs lois comme citoyens, mais quand César touchait à leur conscience et à leur foi, ils disaient : *non possumus*, et ils mouraient. » (*Applaudissements prolongés.*)

Ils sont morts sans se révolter, mais aussi sans céder, et, deux siècles plus tard, César était chrétien et la Croix resplendissait au-dessus du Capitole.

Amis, voilà l'exemple ! Il nous montre que nous sommes dans la bonne voie, et qu'il faut la suivre jusqu'au bout. Mais, pour y marcher droit et longtemps, souvenez-vous qu'il faut plus que de la bonne volonté dans l'intention, plus que de la vigueur dans l'action. Il nous faut de l'enthousiasme dans le cœur, l'enthousiasme ! cette forte et persévérante ardeur que donne la plénitude de la conviction et l'amour pour une noble cause, l'enthousiasme, secret des longs espoirs et des fécondes énergies, l'enthousiasme qui mûrit les jeunes et rajeunit les vieux. (*Vifs applaudissements.*)...... qui les jette tous face à l'ennemi au jour de la bataille. Avec cela, mes camarades, on passe partout et on arrive à tout !

Allons, mes camarades, le toast des soldats au chef se porte debout !

Levez-vous tous et que, le verre en main, aux clameurs de haine venant de tous les points de l'horizon, répondent vos acclamations enthousiastes et loyales.

Je bois à notre Président général, à Jacques Piou. (*Vifs applaudissements.*)

M. Bazire, saluant la patience et le silence de nos chefs en face des attaques les plus passionnées et les plus injustes, demande à tous de s'en inspirer et de propager les paroles d'union que M. Piou vient de faire entendre.

Voici son toast :

TOAST DE M. Henri BAZIRE

MESSIEURS,

A l'heure où nous sommes, toute parole nouvelle, vous le sentez bien, est superflue.

Il semble que, dans cette salle, après les toasts que vous avez entendus, après l'admirable discours de M. Piou, il ne puisse plus retentir que des échos et c'en est un que je voudrais faire entendre brièvement en me tournant vers M. Piou et en lui disant : « Tout ce que votre parole et votre exemple ont mis en nous d'ardeur, d'énergie et d'enthousiasme, nous vous le rendons, mon cher Président, nous vous le renvoyons, nous vous le rapportons en dévouement, en admiration et en fidélité. (*Vifs applaudissements.*)

Tout à l'heure, M. Duval-Arnould nous a fait tressaillir, quand, par une allusion discrète, il a rappelé les campagnes renouvelées dirigées contre celui qui, à cette heure, est à la fois un chef et un drapeau. (*Vifs applaudissements.*)

Ce qu'il disait a été droit à nos cœurs, car nous savons que quand le chef est plus attaqué, c'est que la lutte devient plus ardente et plus glorieuse, et qu'en ce eas, le devoir des soldats est de se rassembler autour de lui, muraille vivante, pour le garantir contre les coups et pour rendre à l'ennemi ceux qu'il lui porte. (*Applaudissements.*)

Rendre des coups ! Nous ne les rendrons pas à tout le monde. On aura beau nous provoquer, nous ne sommes pas de ceux qui portent des coups à ceux qui doivent être nos alliés et nos amis. (*Applaudissements.*)

Cependant, il faut bien qu'on sache que si notre chef reste indifférent à ces attaques, nous ne pouvons, nous autres, les supporter.

A l'acharnement de certaines campagnes, à la persistance de certaines rancunes, à la constance quotidienne d'injures qui viennent des rangs voisins, il faut bien reconnaître, hélas ! que la contemplation obstinée et unique de certains fanions où le parti pris et le sentiment personnel arborent leurs couleurs propres, fait perdre de vue le Drapeau commun, le large Drapeau qui devrait tous nous abriter sous ses plis. (*Applaudissements.*)

Vous n'avez jamais répondu, mon cher Président, donnant en cela un magnifique exemple de dignité politique et sachant bien que votre vie et votre œuvre sont un granit où la dent de l'envie ne peut mordre. Bien plus, tout à l'heure, vous avez prononcé des paroles de paix et d'union et il faudra bien que, si sourd qu'on veuille être, on finisse par entendre.

Ces paroles d'union, nous les propagerons tout en nous inspirant de votre exemple et de celui d'un homme que je vois à vos côtés, d'un homme dont le nom seul est pour les catholiques et pour les Français un titre de gloire, Albert de Mun... (*Triple salve d'applaudissements.*)

Je me souviens que lui aussi fut victime d'attaques combien passionnées et combien injustes. Un jour se laissant aller à la confidence discrète de ce qu'il avait souffert — c'était à un Congrès de Jeunesse catholique à Reims — il évoquait devant nous un souvenir : « C'était, nous disait-il, en 1870, au matin d'un engagement, au moment où nous allions charger, mon capitaine se tourna vers moi et me dit : « Ah ! mon ami, quelle belle fête ! » Et j'ai connu depuis, ajoutait M. de Mun, que le sacrifice peut être une fête, même lorsqu'il fait couler le sang par les blessures du cœur. » (*Vifs applaudissements.*)

Regardons, nos chefs, messieurs, et saluons ces blessures. Qu'elles soient ouvertes ou cicatrisées, ces blessures-là, qui font les chefs glorieux, font les soldats fidèles ; et c'est ce qu'en votre nom j'avais à cœur de dire à M. Piou. (*Vifs applaudissements.*)

Car, ces blessures, dans quelle bataille ont-elles été reçues ? Ne permettons pas que l'opinion se trompe ou que la mauvaise foi l'égare. Est-ce dans la mêlée des intérêts matériels ? Est-ce pour la défense de pures idées politiques ? Est-ce pour la sauvegarde de situations acquises ou pour la conquête du pouvoir et des faveurs qui l'accompagnent ? Non, et ceux qui le disent savent qu'ils ne disent pas la vérité.

Ces blessures ont été reçues sur la brèche que l'ennemi a faite à nos libertés pour pénétrer jusqu'aux sanctuaires, pour pénétrer jusqu'aux âmes.

Que sommes-nous donc ici, messieurs ? Nous sommes des persécutés. Et pourquoi sommes-nous des persécutés ? Parce que nous sommes des catholiques. (*Applaudissements.*)

Que sont nos chefs ? Des catholiques, M. de Grandmaison l'a dit en termes excellents Et nous tous ? Nous sommes des catholiques. Mais nous sommes en même temps des citoyens français qui, dans la vie publique, ne pouvons nous contenter de revendications abstraites, et qui entendons faire respecter, en nos personnes, nos droits de Français et nos libertés de citoyens.

Quand nous parlons de liberté, c'est donc notre patrimoine que nous revendiquons, et il faut réellement avoir envie de bien mauvaises chicanes pour nous chercher querelle sur ce mot.

Voici que, de nouveau, c'est contre les catholiques que se préparent les entreprises sectaires. M. Clemenceau a déclaré : « La guerre n'est plus au chemin creux, elle est à l'école. » Il eût pu se dispenser de le dire, nous le voyons assez. Cette école, M. Piou disait qu'elle est devenue un véritable coupe-gorge.

Eh bien ! à cette heure de lutte, je suis certain d'être votre interprète en envoyant le tribut de notre respect et de notre attachement à ceux qui sont les premiers visés, à nos Évêques (*Vifs applaudissements.*), qui ont si noblement revendiqué les droits de la conscience et sonné le réveil de la France catholique. (*Applaudissements.*)

Je veux saluer aussi ces pères de famille qui, sous la menace, n'ont pas hésité à sacrifier leurs intérêts matériels pour sauver les âmes de leurs enfants.

Enfin, après Duval-Arnould, qui nous y a déjà invités, je veux saluer ces petits enfants de 8 à 12 ans, qui font leur rude apprentissage de la défense de leur foi, que n'ont intimidés ni les menaces, ni les punitions, ni l'exclusion même, et qui ont refusé d'apprendre la morale dans des livres où on la nie et l'histoire de France dans des manuels où on blasphème ses gloires.

Je veux boire à ces petits enfants de Thaon, qui ont été expulsés au nombre de deux cents, à ces petits gars du Fenouillet, en Vendée, qui, pour avoir résisté restent sous la pluie, le vent, la rafale, tous les matins, à la porte de l'école, pendant une demi-heure, pendant que l'instituteur, caché derrière ses vitres, refuse de leur ouvrir. (*Vifs applaudissements.*)

Je veux, enfin, car c'est le plus délicieux symbole, boire à cette petite fille qui résume toutes les résistances de l'âme nationale et qui, obligée de copier la page d'histoire qu'elle n'avait pas voulu apprendre, écrivait sur son cahier de punitions : « Je crois en Dieu. »

Un pays n'est pas perdu quand des enfants donnent aux hommes de tels exemples de vaillance spontanée et de simple héroïsme. (*Vifs applaudissements.*)

« Où le père a passé passera bien l'enfant », disait le poëte. Reprenant la formule ce soir, disons hardiment que là où l'enfant a passé, passera bien le père, et que là où l'enfant lutte de telle sorte, il faudra bien que le père finisse par triompher. (*Applaudissements.*)

Je lève mon verre aux petits expulsés de France, aux petits héros de nos luttes scolaires, au réveil de la France catholique et libérale, à son triomphe, dans le droit par la justice sociale et par la liberté. (*Vifs applaudissements.*)

M. Piou clôt la série des toasts par ces quelques mots qui résument tout :

MES CHERS AMIS,

Il faut nous séparer. Dans quelques mois, la lutte va s'ouvrir. Je ne sais quelle en sera l'issue et, ce qui importe, ce n'est pas tant de vaincre que de bien combattre.

Vous voyez quelle armée vous avez réussi à constituer, quels dévouements, quels talents sont au service de votre cause. Emportez donc de ce Congrès un souvenir qui vous fortifie, un sentiment de fierté qui relève votre courage.

Allez au combat : c'est la France que vous servez et, mieux encor', en combattant les impies, les sectaires et les matérialistes, c'est Dieu que vous servez. (*Applaudissements.*)

Quand les heures de découragement viendront, quand la fortune vous trahira, quand vous aurez à souffrir des abandons, des défaillances, mes Amis, regardez à l'étoile et marchez-y ! (*Triple salve d'applaudissements. La salle, debout, fait une ovation enthousiaste au Président de l'ACTION LIBÉRALE POPULAIRE.*)

PARIS. — IMP. DUBREUIL, FRÉBÉFAC ET Cie, 18, RUE CLAUZEL.